« *Par leur façon de parler, les parents et les enseignants renseignent l'enfant sur les sentiments qu'ils éprouvent à son égard. Leurs paroles influencent son estime de soi et le sentiment qu'il a de sa valeur personnelle. Dans une large mesure, leur langage détermine son destin.* »

— HAIM GINOTT

Table des matières

Ce que parents et enseignants devraient savoir…

Parler pour que les enfants apprennent

À LA MAISON ET À L'ÉCOLE

ADELE FABER et ELAINE MAZLISH

avec la collaboration de Lisa Nyberg
et Rosalyn Anstine Templeton

Illustrations de Kimberly Ann Coe

Des mêmes auteures

Livres

Liberated Parents / Liberated Children. *Your Guide to a Happier Family*

How to Talk so Kids will Listen and Listen so Kids will Talk

How to Talk so Teens will Listen and Listen so Teens will Talk

Siblings Without Rivalry. How to *Help your Children Live Together so you can Live too*

Traduction

Parents épanouis, enfants épanouis. *Cultivez le bonheur dans votre famille*

Parler pour que les enfants écoutent, écouter pour que les enfants parlent

Parler aux ados pour qu'ils écoutent, les écouter pour qu'ils parlent

Frères et sœurs sans rivalité. *Manuel de survie pour une famille plus sereine!*

Matériel d'atelier

How to Talk so Kids will Listen

Siblings Without Rivalry

Parler pour que les enfants écoutent

Frères et sœurs sans rivalité

Livres pour enfants

Bobby and the Brockles

Bobby and the Brockles Go to School

Renseignements supplémentaires :

www.fabermazlish.com   www.auxeditionsduphare.com

Ce que parents et enseignants
devraient savoir…

Parler pour que
les enfants apprennent

À LA MAISON ET À L'ÉCOLE

ADELE FABER et ELAINE MAZLISH

avec la collaboration de Lisa Nyberg
et Rosalyn Anstine Templeton

Illustrations de Kimberly Ann Coe

AUX
ÉDITIONS
DU PHARE

CAP-PELÉ, CANADA

Titre original :   **HOW TO TALK SO KIDS CAN LEARN.
                   AT HOME AND IN SCHOOL.**

                   © Adele Faber, Elaine Mazlish, Lisa Nyberg
                   et Rosalyn Anstine Templeton (1995)

Titre en français :   **PARLER POUR QUE LES ENFANTS APPRENNENT.
                      À LA MAISON ET À L'ECOLE.**
                      © Aux Éditions du Phare (2013)

                      Traduction : Roseline Roy

ISBN 978-2-9811610-7-9

Le présent ouvrage a été édité en vertu d'un accord formel entre
Aux Éditions du Phare et Scribner.

Distribution :   **Aux Éditions du Phare**
                 1234, allée des Hirondelles
                 Cap-Pelé (Nouveau-Brunswick)
                 E4N 1R7 Canada

                 Tél. : (506) 577-6160

                 info@auxeditionsduphare.com
                 www.auxeditionsduphare.com

Remerciements

Ce livre s'est matérialisé grâce aux nombreuses personnes qui ont cru en lui dès le début. Nos amis et les membres de nos familles y ont contribué en fournissant un flot continu d'idées et d'encouragements. De partout aux États-Unis et au Canada, nous avons reçu de nombreux témoignages verbaux et écrits provenant de parents, d'enseignants et de professionnels de la santé mentale, qui décrivaient comment ils utilisent les habiletés de communication tant à la maison qu'au travail. Joanna Faber nous a fourni beaucoup d'exemples fort touchants, tirés de ses dix années d'enseignement en milieu défavorisé. L'université Bradley et l'école primaire de Brattain nous ont soutenues en nous prêtant leurs installations. Notre dessinatrice, Kimberly Ann Coe, a utilisé une fois de plus son crayon magique pour rendre vivantes et chaleureuses nos maigres esquisses. Notre agent littéraire, Bob Markel, nous a toujours assistées de ses bons conseils au moment opportun. Eleanor Rawson, notre éditrice, nous a guidées avec adresse et affection dans la direction où elle savait que nous devions aller.

Finalement, nous voulons remercier Thomas Gordon pour son travail innovateur dans le domaine des relations entre adultes et enfants. Enfin, nous ne voulons pas oublier notre mentor, le regretté Haim Ginott. C'est lui qui nous a aidées à comprendre pourquoi « *chaque enseignant devrait être un professeur d'humanité avant d'être un professeur de sa matière.* »

Comment ce livre a vu le jour

La semence à l'origine de ce livre a été mise en terre quand nous étions encore de toutes jeunes mères qui participaient à un atelier destiné aux parents et animé par le regretté Haim Ginott, psychologue pour enfants. Après chaque rencontre, c'est avec émerveillement que nous constations, sur le chemin du retour, la puissance des nouvelles habiletés de communication qu'il nous présentait. Il nous paraissait regrettable de ne pas les avoir eues à notre disposition durant notre travail professionnel auprès des enfants, bien des années auparavant -l'une dans les écoles secondaires de la ville de New York, l'autre dans les foyers de son quartier à Manhattan.

Il nous aurait été impossible, à cette époque, de prédire ce qui allait germer de cette première expérience. Deux décennies plus tard, les livres que nous avions écrits à l'intention des parents s'étaient vendus à plus de deux millions d'exemplaires et on les avait traduits dans plus d'une douzaine de langues. Des foules enthousiastes se présentaient aux conférences que nous avions données dans presque tous les états des États-Unis et presque toutes les provinces du Canada. Au-delà de cinquante mille groupes avaient utilisé nos programmes d'ateliers audio et vidéo dans des régions aussi éloignées les unes des autres que le Nicaragua, le Kenya, la Malaisie et la Nouvelle-Zélande. Pendant toute cette période, qui couvre une vingtaine d'années, nous avions constamment reçu des témoignages d'enseignants nous racontant les changements qu'ils opéraient dans leur salle de classe après avoir assisté à l'une de nos conférences, participé à l'un de nos ateliers ou lu un de nos livres. C'était inévitable : ils réclamaient un livre du même genre, mais à leur intention. Voici ce que nous a écrit un enseignant de Troy, au Michigan.

Après plus de vingt ans d'expérience auprès d'élèves perturbateurs et à risque, j'étais sincèrement stupéfait de la quantité de stratégies que j'ai apprises dans les livres que vous avez écrits pour les parents… Le district où je travaille comme enseignant ressource est actuellement en train d'élaborer une nouvelle conception de la discipline pour toutes les écoles. J'ai la forte conviction que la philosophie exposée dans vos livres devrait servir de pierre angulaire à ce projet. Avez-vous songé à écrire un livre destiné spécialement aux enseignants ?

Un travailleur social scolaire de Florissant au Missouri nous a écrit ceci :

> J'ai récemment donné à des parents de mon district le matériel de votre atelier Parler pour que les enfants écoutent[1]. L'une des mères, qui était également enseignante, s'est mise à utiliser ses nouvelles habiletés dans sa salle de classe et elle a noté une nette diminution des problèmes de comportement. La directrice, qui s'inquiétait du recours croissant aux punitions corporelles et aux suspensions dans son école, a eu vent de la chose. Les changements opérés dans cette unique classe l'ont tellement impressionnée qu'elle m'a demandé de donner l'atelier à tout son personnel.
>
> Les résultats ont été spectaculaires. On a vite constaté une baisse soudaine des demandes de châtiment corporel et du nombre de suspensions, ainsi qu'une baisse de l'absentéisme et un regain d'estime de soi qui semblait se répandre dans toute l'école.

La lettre suivante vient d'un conseiller en orientation de la ville de New York.

> Je suis profondément préoccupé par le nombre croissant d'enfants qui apportent des couteaux et des

---

1. Traduction française de *How to Talk so Kids will Listen*, publié Aux Éditions du Phare.

fusils à l'école. Je ne peux pas croire que la solution réside dans une augmentation du nombre de gardiens de sécurité et de détecteurs de métal. Mais une meilleure communication ferait peut-être l'affaire. Si les enseignants connaissaient les habiletés dont vous parlez, ils seraient peut-être mieux équipés pour aider ces jeunes au tempérament soupe au lait à gérer leur colère sans recourir à la violence. Pourquoi n'écrivez-vous pas un livre à l'intention des enseignants, des directeurs, des parents bénévoles, des aides enseignants, des chauffeurs d'autobus scolaire, des secrétaires, etc., etc., etc. ?

Après avoir sérieusement considéré ces suggestions, nous en sommes finalement arrivées à un constat : nous étions incapables d'assumer la responsabilité d'écrire un livre destiné aux enseignants. Après tout, nous n'étions plus au front.

C'est alors que nous est parvenu un coup de téléphone décisif, celui de Rosalyn Templeton et de Lisa Nyberg. Lisa enseignait en troisième et quatrième années à l'école primaire de Brattain, à Springfield en Oregon. Quant à Rosalyn, elle enseignait à de futurs enseignants à l'Université Bradley, à Peoria en Illinois. Toutes deux nous exprimaient leur détresse devant les pratiques disciplinaires coercitives et punitives utilisées couramment dans les écoles afin de forcer les élèves à obéir. Elles étaient depuis longtemps à la recherche d'un matériel qui offrirait aux enseignants une solution de rechange, des moyens d'aider les élèves à s'auto-diriger et à se discipliner par eux-mêmes. Quand le livre *How to Talk so Kids will Listen and Listen so Kids will Talk* leur est tombé dans les mains, elles se sont dit que c'était exactement ce qu'elles recherchaient. Elles nous ont demandé la permission d'en écrire une adaptation pour les enseignants.

Plus nous en discutions, plus il devenait évident qu'elles possédaient une vaste expérience. Les deux femmes avaient enseigné dans plusieurs régions du pays, aussi bien en ville qu'en banlieue et en campagne. Elles étaient toutes les deux titulaires d'un doctorat en éducation et on les invitait souvent comme conférencières et animatrices d'ateliers à des congrès d'enseignants. Tout à coup, le projet devant lequel nous avions si longtemps hésité semblait devenir réalisable. Si, en plus de nos propres expériences en salle de classe et des nombreuses suggestions recueillies auprès des enseignants au cours des vingt années précédentes, nous pouvions aussi puiser dans les expériences passées et actuelles de ces deux éducatrices, plus rien alors ne pouvait nous retenir.

Cet été-là, Rosalyn et Lysa ont pris l'avion pour venir nous rejoindre. Dès le début, nous nous sommes senties à l'aise les unes avec les autres. Après avoir exploré la forme que pourrait prendre ce nouveau livre, nous avons décidé de raconter l'histoire d'une jeune enseignante qui serait à la recherche de meilleures méthodes de communication avec ses élèves. Son expérience serait une fusion de toutes les nôtres. À ce récit, nous ajouterions des éléments tirés de nos ouvrages précédents : des bandes dessinées, des aide-mémoire, des questions et réponses, des récits qui tiendraient lieu d'exemples.

Toutefois, plus la discussion se poursuivait, plus une évidence s'imposait à nous : si nous voulions donner une image complète de ce qui est nécessaire pour éduquer un enfant, notre regard devait porter au-delà de la salle de classe et accorder autant d'attention aux *tout premiers enseignants, qui demeurent en permanence dans la vie d'un enfant : ses parents. Tout ce qui se passe à l'école, entre 9 h et 15 h, est profondément marqué par ce qui se passe avant et après ce laps de temps.* Si la bonne volonté des parents et des enseignants ne s'appuie pas, de part et d'autre, sur des outils qui les aident à donner suite à leurs bonnes intentions, c'est l'enfant qui sera perdant.

Parents et enseignants doivent combiner leurs forces et former des partenariats. Les uns autant que les autres devraient connaître la différence entre les paroles qui démoralisent et celles qui donnent du courage; entre les mots qui déclenchent la confrontation et ceux qui invitent à la coopération; entre le discours qui rend la réflexion et la concentration impossibles pour un enfant et celui qui libère son désir naturel d'apprendre.

Nous avons également pris conscience que nous avons une responsabilité supplémentaire envers les enfants de la génération actuelle. En effet, jamais auparavant un aussi grand nombre de jeunes n'ont été exposés à autant d'images de cruauté gratuite. Jamais auparavant ne leur a-t-on montré, aussi souvent et de façon aussi frappante, que c'est dans les raclées, les balles ou les bombes que les problèmes trouvent leur solution. Jamais auparavant n'a-t-il été aussi urgent de fournir à nos enfants un exemple vivant de la façon dont on peut concilier les différences par la communication honnête et respectueuse. Voilà la meilleure des protections que nous puissions leur offrir contre la violence de leurs propres impulsions. Lorsque surviendront les inévitables moments de colère et de frustration, au lieu de bondir sur une arme, ils pourront puiser dans un répertoire de paroles qui auront été prononcées par des personnes qui comptent dans leur vie.

Fortes de cette conviction, nous avons donc lancé le projet. Au bout de trois ans et après plusieurs ébauches, quand nous avons finalement tenu le manuscrit en main, nous avons toutes ressenti une profonde satisfaction. Le livre *How to Talk so Kids Can Learn – At Home and at School* présentait un ensemble de lignes de conduite claires. On y trouvait des exemples concrets de l'attitude et du langage qui se situent au cœur même du processus d'apprentissage. On y montrait comment créer un environnement émotionnel où les enfants peuvent s'exposer sans danger à la nouveauté et à l'inconnu. On y démontrait comment on peut amener les enfants à assumer leurs responsabilités et à apprendre l'autodiscipline. On y proposait une multitude de méthodes qui encouragent les enfants à croire en eux-mêmes et en ce qu'ils peuvent devenir.

Nous espérons sincèrement que le contenu de ce livre vous aidera à inspirer les jeunes personnes autour de vous et à les faire avancer sur le chemin de l'autonomie.

Qui est « Je ? »

Quand nous nous sommes mises à écrire ce livre, nous avons décidé de créer un personnage, Lise Landry, qui parlerait en notre nom. Elle serait la jeune enseignante que nous étions autrefois. Ses efforts en vue d'améliorer ses rapports avec ses élèves seraient le reflet de nos propres efforts. Elle serait notre propre *je*.

1

Que faire des sentiments qui nuisent à l'apprentissage

J'AI PRIS LA DÉCISION DE DEVENIR ENSEIGNANTE à cause des souvenirs que j'ai gardés de mes propres enseignantes, celles que j'ai aimées comme celles que j'ai détestées. Dans ma tête, je m'étais fait une liste de toutes les mesquineries que je n'imposerais jamais à mes élèves. J'avais une vision claire de ce que je serais : infiniment patiente et compréhensive. Tout au long de mes études universitaires en éducation, j'ai gardé mes convictions : ma façon d'enseigner donnerait aux enfants le goût d'apprendre.

Dès ma première journée comme *vraie* enseignante, j'ai reçu tout un choc. J'avais eu beau me préparer et tout planifier, j'ai été littéralement prise de court par ces 32 élèves de onze ans, qui parlaient fort et débordaient d'énergie. Leurs attentes étaient grandes et leurs besoins immenses. Au beau milieu de la première matinée, les premiers signes de mécontentement se sont manifestés.

- Qui a volé mon crayon ?
- Fiche-moi la paix !
- La ferme ! J'essaie d'écouter la maîtresse !

J'ai fait semblant de ne rien entendre. J'ai poursuivi la leçon, mais les interruptions se sont poursuivies.

- Pourquoi faut-il que je m'assoie à côté de lui ?
- Je ne comprends pas ce que nous sommes censés faire.
- Il m'a frappé !
- C'est elle qui a commencé !

Coups de butoir dans ma tête. Le bruit dans la classe ne cessait d'augmenter. Les paroles de patience et de compréhension se sont éteintes sur mes lèvres. Ce qu'il fallait à ces élèves, c'était une enseignante qui exerce son autorité. Je me suis entendue dire :

- C'en est assez ! Personne n'a volé ton crayon.
- Tu dois t'asseoir à côté de lui parce que j'en ai décidé ainsi.
- Je me moque de savoir qui a commencé. Je veux que ça cesse. Maintenant !
- Comment peux-tu dire que tu ne comprends pas ? Je viens tout juste de l'expliquer.
- Quelle classe ! Vous agissez comme des enfants de six ans. De grâce, allez-vous rester assis tranquilles ?

Un garçon n'a tenu aucun compte de ce que j'avais dit. Il a quitté son siège pour se diriger vers le taille-crayon. Il s'est ensuite appliqué à réduire son crayon en miettes. De ma voix la plus ferme, je me suis mise à donner des ordres.

- Ça suffit ! Va t'asseoir, et tout de suite !
- Vous ne pouvez pas m'y obliger.
- Nous en parlerons après la classe.
- Je ne peux pas rester. Je dois prendre l'autobus.
- Je vais appeler tes parents pour arranger cela !
- Vous ne pouvez pas appeler mes parents. On n'a pas le téléphone.

À quinze heures, j'étais épuisée. Les enfants se sont précipités dehors et se sont dispersés dans les rues. Le pouvoir changeait de mains. Ils étaient maintenant sous la responsabilité de leurs parents. J'étais libérée.

Je me suis écrasée sur ma chaise en fixant les pupitres vides. Qu'est-ce qui avait cloché ? Pourquoi n'écoutaient-ils pas ? Comment me faire comprendre de ces enfants ?

Tout au long de mes premiers mois d'enseignement, ce fut la même rengaine. Chaque matin, j'arrivais avec l'espoir de faire de grandes choses, et je repartais chaque après-midi totalement dépassée par l'accablante corvée d'avoir à traîner ma classe dans les méandres des exigences du programme scolaire. Mais le pire, c'est que j'étais en train de devenir précisément le genre d'enseignante que je n'avais jamais voulu être : irritable, autoritaire, méprisante. Mes élèves devenaient de plus en plus maussades et rebelles. Plus le trimestre avançait, plus je me demandais combien longtemps je pourrais encore tenir.

Jeanne Dupuis, l'enseignante de la classe d'à côté, est venue à ma rescousse. Le lendemain du jour où je lui avais ouvert mon cœur, elle s'est arrêtée à ma porte et m'a tendu un exemplaire abîmé de *Parler pour que les enfants écoutent, écouter pour que les enfants parlent*.

« J'ignore si ça va t'aider, a-t-elle dit, mais c'est grâce aux habiletés décrites dans ce livre que j'ai pu conserver ma santé mentale auprès de mes propres enfants à la maison. Elles ont aussi changé bien des choses dans ma classe ! »

Je l'ai remerciée, j'ai glissé le livre dans mon porte-documents et je l'ai oublié. Une semaine plus tard, j'étais au lit, en train de soigner un rhume. Paresseusement, j'ai tendu la main vers le livre et je l'ai ouvert. Les mots en italiques, sur les premières pages, m'ont sauté aux yeux.

- *Lien direct entre les sentiments des enfants et leur comportement.*
- *Quand les enfants se sentent bien, ils se comportent bien.*
- *Comment les aider à mieux se sentir ?*
- *En accueillant leurs sentiments !*

En posant la tête sur l'oreiller, j'ai fermé les yeux. Est-ce que j'avais accueilli les sentiments de mes élèves ? Dans ma tête, j'ai rejoué certaines scènes qui s'étaient déroulées dans ma classe cette semaine-là.

L'élève :	Je ne peux pas écrire.
Moi :	Ce n'est pas vrai.
L'élève :	Mais il ne me vient aucune idée à écrire.

Moi :	Tu peux en trouver ! Cesse de te plaindre et commence à écrire.
L'élève :	Je déteste l'histoire. On se moque de ce qui s'est passé, il y a cent ans.
Moi :	Tu devrais t'y intéresser. C'est important de connaître l'histoire de ton pays.
L'élève :	C'est assommant !
Moi :	Tu te trompes ! Si tu étais plus attentif, tu trouverais ça intéressant.

Quelle ironie ! Moi qui prêchais sans cesse aux enfants le droit de chacun à ses opinions et à ses sentiments. Pourtant, en pratique, chaque fois qu'un enfant exprimait ses sentiments, je n'en tenais aucun compte. J'argumentais. Mon message sous-jacent était le suivant : « Tu n'as pas raison de te sentir comme tu te sens. Écoute-moi, plutôt. »

Je me suis assise dans mon lit et j'ai fait le tour de mes souvenirs. Mes propres enseignants m'avaient-ils traitée ainsi ? Au secondaire, ma toute première note d'échec m'était une fois tombée sur la tête. Mon enseignant de math avait alors essayé de me remonter le moral : « Inutile de te décourager, Lise. Tu ne manques pas de talent pour la géométrie. Tu ne t'es pas appliquée, c'est tout. Tu dois te dire que tu vas réussir. Le problème, c'est ton attitude qui est fautive. »

Il avait probablement raison et je savais que ses intentions étaient bonnes, mais ses paroles me donnaient l'impression que j'étais stupide et pas du tout à la hauteur. Après quelques instants, je n'écoutais plus, je regardais sa moustache bouger de haut en bas et j'attendais qu'il termine afin de pouvoir m'éloigner. Était-ce ainsi que mes élèves se sentaient en ma présence ?

Au cours des semaines suivantes, j'ai tenté de réagir avec plus de sensibilité aux sentiments de mes élèves, de les refléter avec plus de précision :

• *Ce n'est pas facile de choisir un sujet de rédaction.*

• *Je vois comment tu te sens par rapport à l'histoire. Tu te demandes comment on peut s'intéresser à ce qui s'est passé, il y a si longtemps.*

Ça s'est avéré utile. J'ai tout de suite constaté que les enfants percevaient la différence. Ils acquiesçaient, me regardaient droit dans les yeux et me parlaient davantage. Puis un jour, Alex a annoncé : « Je ne veux pas aller au gymnase et personne ne pourra m'y forcer ! » C'en était trop ! Je n'ai pas hésité un instant. D'un ton glacial, j'ai répliqué : « *Tu vas* au gymnase, sinon tu te rends au bureau de la directrice ! »

Pourquoi était-ce si difficile d'accueillir les sentiments des enfants ? À midi, durant le repas, j'ai posé la même question à haute voix et j'ai confié à mon amie Jeanne et aux autres autour de la table quel était le sujet de mes lectures et de mes réflexions.

Maria Émond, une mère bénévole, a bondi à la défense des enseignants. « Il y a tant d'élèves, tellement de matières à enseigner. Comment pouvez-vous exiger de vous-mêmes de vous soucier du plus petit mot ? »

Jeanne semblait réfléchir.

« Si les adultes que nous avons côtoyés enfants s'étaient davantage souciés de leurs paroles, nous n'aurions peut-être pas autant de choses à désapprendre aujourd'hui. Regardons les choses en face. Nous sommes le produit de notre passé. Nous parlons à nos élèves comme nos parents et nos enseignants nous parlaient. Je le sais : même avec mes propres enfants, à la maison, il m'a fallu longtemps pour cesser de répéter le même vieux scénario. J'ai franchi un grand pas quand, au lieu de dire : 'Ça ne fait pas si mal que ça. C'est juste une petite éraflure', je me suis mise à dire : 'Une éraflure, ça peut faire mal.' »

Michel Vienneau, prof de science, avait l'air déconcerté. « Il doit y avoir quelque chose que je ne saisis pas. Je ne vois pas ce que ça change. »

Je réfléchissais intensément, dans l'espoir de trouver un exemple qui lui permettrait de ressentir la différence. C'est alors que j'ai entendu Jeanne.

«Michel, imagine que tu es un adolescent et que tu viens tout juste d'être admis dans l'équipe de l'école, celle de basket-ball ou de soccer, peu importe.

- De football, a-t-il précisé en souriant.

- D'accord, a acquiescé Jeanne d'un hochement de tête. Imagine maintenant que tu arrives plein d'enthousiasme à ta première séance d'entraînement. C'est alors que l'entraîneur te prend à part pour t'annoncer que tu es évincé de l'équipe. Michel a émis un grognement. Jeanne a poursuivi.

- Un peu plus tard, tu rencontres ton enseignante titulaire dans le couloir et tu lui racontes ce qui vient de se passer. Imagine que je suis cette enseignante. Je vais réagir à ton expérience de plusieurs façons. Pour mieux jouer le jeu, après chacune de mes réponses, écris ce que pense ou ressent l'enfant en toi.»

Avec un sourire amusé, Michel a sorti son stylo et pris une serviette de table comme bloc-notes. Voici les différentes approches que Jeanne a essayées avec lui.

Négation des sentiments
«Pour un rien, te voilà dans tous tes états. Ce n'est pas la fin du monde si tu ne fais pas partie de l'équipe. Oublie ça.»

Réponse philosophique
«La vie est parfois injuste. Tu dois apprendre à encaisser les coups.»

Conseil
«Il ne faut pas te laisser décourager à cause de ça. Essaie de te joindre à une autre équipe.»

Questions

«Pourquoi crois-tu qu'on t'a renvoyé ? Les autres joueurs étaient-ils meilleurs que toi ? Que comptes-tu faire maintenant ?»

Défense de l'autre personne

«Essaie de voir les choses du point de vue de l'entraîneur. Il veut une équipe gagnante. Il a dû avoir du mal à décider qui garder et qui renvoyer.»

Pitié

«Pauvre toi ! Je suis vraiment désolé ! Tu as essayé tellement fort de faire partie de l'équipe, mais tu n'étais pas tout à fait assez bon. Maintenant tous les autres le savent. Tu dois crever de honte.»

Psychanalyse d'amateur

«T'est-il venu à l'idée que le véritable motif de ton renvoi, c'est que tu ne joues pas avec cœur ? Je crois que, dans ton inconscient, tu ne voulais pas faire partie de l'équipe ; alors, tu as tout gâché, par exprès.»

Michel a levé le bras en l'air. «Arrête ! Ça suffit ! J'ai compris.» Je lui ai demandé de me montrer ce qu'il avait écrit. Il m'a tendu la serviette. J'ai lu à haute voix.

- Ne me dis pas comment je devrais me sentir.
- Ne me dis pas quoi faire.
- Tu ne comprendras jamais.
- Tu sais où tu peux te les mettre, tes questions !
- Tu prends la défense de tout le monde, sauf de moi.
- Je suis un perdant.
- C'est la dernière fois que je te confie quelque chose.

« Mon Dieu, a soupiré Maria. Plusieurs des réponses que Jeanne a données à Michel ressemblent à ce que je dis à mon fils, Marco. Que pourrais-je dire à la place ?

- Reconnaître la détresse de l'enfant, ai-je répondu promptement.

- Mais comment ? a insisté Maria. »

Les mots ne me venaient pas. J'ai regardé Jeanne, en espérant qu'elle m'aiderait. Elle s'est tournée vers Michel et l'a regardé droit dans les yeux.

« Michel, ç'a dû être tout un choc et une grande déception d'apprendre que tu étais renvoyé de l'équipe, alors que tu étais tellement certain d'en faire partie. Michel a fait un signe de tête affirmatif.

- C'est vrai : ç'a été un choc, une déception aussi. Et franchement, ça soulage que quelqu'un comprenne finalement ce simple fait. »

Nous avions tous beaucoup à nous dire par la suite. Maria nous a confié que jamais, dans sa jeunesse, on n'avait accueilli ses sentiments. « Comment peut-on donner aux élèves ce qu'on n'a jamais reçu soi-même ? » a conclu Michel.

C'était clair : nous allions devoir nous exercer si nous voulions arriver à utiliser naturellement cette nouvelle façon de réagir aux enfants. Je me suis portée volontaire pour fournir des exemples démontrant comment on pourrait accueillir les sentiments dans un contexte scolaire. Voici, sous forme de bandes dessinées, ce que j'ai réussi à présenter à mes collègues quelques jours plus tard, durant le repas.

Au lieu de nier
les sentiments de l'élève

Quand on nie les sentiments de l'élève, il ou elle peut facilement se décourager.

Trouvez des mots qui expriment les sentiments de l'élève

Quand on verbalise les sentiments négatifs de l'élève et qu'on les accepte, elle ou il se sent encouragé à poursuivre ses efforts.

À la place des critiques et des conseils

L'enseignant est bien intentionné, mais quand un élève est bombardé de critiques et de conseils, il peut difficilement réfléchir à son problème ou en assumer la responsabilité.

Accueillez les sentiments de l'élève par un mot ou un son

Devant la détresse de l'élève si on manifeste de l'intérêt et que, de temps à autre, on hoche la tête ou on émet un grognement de compréhension, on le rend libre de se concentrer sur son problème et peut-être de trouver lui-même une solution.

Au lieu de fournir des raisons et des explications

Il est frustrant qu'un élève refuse d'accepter les raisons qu'on lui donne. Que faire ? Y a-t-il une meilleure façon d'aider l'élève à dépasser sa résistance à faire une tâche ?

Offrez-leur de façon imaginaire ce que vous ne pouvez leur donner dans la réalité

Quand on exprime de façon imaginaire les souhaits de l'élève, on lui facilite la tâche de regarder la réalité en face.

Au lieu de ne tenir aucun compte des sentiments de l'élève

*C'est difficile pour un enfant de changer
de comportement quand on ne tient
aucun compte de ses sentiments.*

Accueillez les sentiments de l'élève tout en mettant fin à son comportement inacceptable

C'est plus facile pour un enfant de changer de comportement quand on accueille ses sentiments.

Michel a jeté un coup d'œil aux illustrations, puis il a secoué la tête.

« En théorie, ça semble merveilleux, mais à mon avis, ce n'est rien d'autre qu'une exigence de plus qu'on impose aux enseignants. Où sommes-nous censés trouver le temps d'aider les élèves à comprendre leurs propres sentiments ?

- Tu te débrouilles pour en trouver, a répliqué Jeanne, les yeux pétillants. Tu arrives à l'école plus tôt, tu pars plus tard, tu te dépêches le midi et tu laisses tomber les pauses habituelles.

- Ouais ! Et quelque part entre la planification des cours, la correction des travaux, le montage des tableaux d'affichage, la préparation des réunions -et incidemment, l'enseignement -tu te demandes comment tes élèves se sentent ou comment tu peux leur donner de façon imaginaire ce qu'ils ne peuvent obtenir dans la réalité. »

En écoutant Michel, je me disais qu'on en demande peut-être trop aux enseignants. Jeanne semblait avoir lu dans ma pensée.

« Sérieusement, a-t-elle enchaîné, je sais que c'est beaucoup demander aux enseignants, mais je sais aussi à quel point c'est important pour les enfants de se sentir compris. Une chose saute aux yeux : quand les élèves sont bouleversés, ils sont incapables de se concentrer. Incapables d'absorber une matière nouvelle. Si on veut libérer leur esprit pour qu'ils puissent réfléchir et apprendre, on doit tenir compte de leurs émotions avec respect.

- Pas seulement à l'école, mais aussi à la maison, a gravement ajouté Maria. Nous nous sommes tous tournés vers elle.

- À l'âge de neuf ans, a-t-elle poursuivi, ma famille a déménagé et j'ai dû fréquenter une nouvelle école. Ma nouvelle enseignante était très sévère. À chaque épreuve d'arithmétique, elle me rendait ma copie dont les mauvaises réponses portaient d'énormes X à l'encre noire. Elle exigeait que je retourne plusieurs fois à son pupitre avec ma copie, jusqu'à ce qu'il n'y ait plus aucune erreur. J'étais tellement nerveuse dans sa classe que j'étais incapable de réfléchir. Il m'est même arrivé de chercher à copier les réponses des autres enfants. La veille d'un examen, j'avais toujours mal au ventre. Je disais : «Maman, j'ai peur.» Elle répondait : «Tu n'as pas à t'inquiéter. Tu n'as qu'à faire de ton mieux.» Mon père ajoutait : «Si tu étudiais, tu n'aurais aucune raison d'avoir peur.» Je me sentais encore pire. Michel la regardait, perplexe.

- Supposons, dit-il, que ton père ou ta mère t'ait dit : «Cet examen semble t'inquiéter beaucoup, Maria.» Ça aurait fait une différence ?

- Sûrement, s'est-elle exclamée. Parce qu'alors, j'aurais pu leur parler des X à l'encre noire et de ma honte quand je devais reprendre ma copie plusieurs fois devant toute la classe. Michel était encore sceptique.

- Ça t'aurait suffi pour te sentir moins anxieuse et mieux réussir en math ?

- Je le crois, a-t-elle repris lentement après une pause. Parce que si mes parents avaient été attentifs à mes inquiétudes et m'avaient laissé les exprimer, je crois que j'aurais eu plus de courage pour me rendre à l'école le lendemain, et l'ambition de faire plus d'efforts.»

Quelques jours après cette discussion, Maria est arrivée tout sourire et elle a tiré de son sac à main un bout de papier plié.

«Je veux vous faire entendre des choses que mes enfants m'ont dites cette semaine. Après chaque phrase, essayez de deviner les paroles que je me suis retenue de répondre. La première vient de ma fille, Anna Ruth. Elle a alors déplié son papier et commencé sa lecture.

- Maman, l'enseignant de gym m'a fait faire des tours de piste à la course parce que je ne m'étais pas habillée assez vite. Tout le monde me regardait. Michel a aussitôt répondu.

- Tu n'as pas dit : «Qu'attends-tu de ton prof ? Qu'il t'applaudisse ? Qu'il te donne une médaille pour ta lenteur ?» Éclat de rire général autour de la table. Maria a poursuivi :

- Au tour de mon fils Marco : «Maman, ne te fâche pas. J'ai perdu mes nouveaux gants.»

- Ça, c'est la mienne, s'est empressée Jeanne. «Quoi ? C'est la deuxième paire de gants que tu perds en un mois. Crois-tu que l'argent pousse sur les arbres ? À l'avenir, quand tu enlèves tes gants, mets-les dans ta poche. Et avant de quitter l'autobus, assure-toi qu'ils ne sont pas tombés sur le siège ou par terre.»

- Attends un peu. Où est l'erreur ? (Michel avait pris la parole.) Tu lui enseignes à prendre ses responsabilités.

- C'est le moment qui est mal choisi, a commenté Jeanne.

- Pourquoi ?

- Parce qu'on ne donne pas une leçon de natation à une personne qui se noie.

- Hum ! Il va falloir que je réfléchisse à celle-là, a marmonné Michel. D'accord. À ton tour, Lise, a-t-il ajouté en me désignant du doigt.

- En voici une autre, a poursuivi Maria en regardant son papier. C'est encore Anna Ruth qui parle :«Je ne suis pas sûre de vouloir continuer à faire partie de l'orchestre.» Je suis vite sautée sur celle-là :

- Après tout ce que nous ont coûté tes cours de violon, tu parles de laisser tomber ! Ton père va être très fâché d'entendre ça. Maria nous a regardés avec stupeur.

- Comment faites-vous tous pour savoir ce que j'étais portée à dire ?

- Facile, a répondu Jeanne. C'est ce que nos parents nous disaient ; c'est aussi ce que je me surprends encore à dire à mes propres enfants.

- Maria, a insisté Michel, ne nous fais pas languir. Qu'as-tu vraiment dit à tes enfants ?

- Eh bien, a fièrement répondu Maria, quand Marco n'a pas pu retrouver sa nouvelle paire de gants, je ne lui ai pas fait de sermon. J'ai dit : «Ça doit être vraiment contrariant de perdre quelque chose. Crois-tu que tu aurais pu laisser tes gants dans l'autobus ?» Il m'a dévisagée comme s'il ne pouvait pas en croire ses oreilles. Puis il a dit que, dès le lendemain, il demanderait au chauffeur de l'autobus s'il les avait retrouvés.

«Et quand Anna Ruth m'a annoncé que le prof d'éducation physique lui avait fait faire des tours de piste devant tout le monde, j'ai dit : " Ç'a dû être embarrassant. " Elle a répondu : " Oui, en effet " et elle a changé de sujet, comme d'habitude, car elle ne me raconte jamais ce qui se passe.

«Mais ma plus grande surprise est arrivée plus tard. Après sa leçon de musique, elle a annoncé : " Je ne suis pas certaine de vouloir continuer à faire partie de l'orchestre. " Ses paroles m'ont coupé le souffle, mais j'ai répondu : " Ainsi, une partie de toi a le goût de rester dans l'orchestre, et une autre partie n'en a plus le goût. " Elle est devenue très calme. Puis elle s'est mise à parler et elle a vidé son sac. Elle m'a dit qu'elle aimait jouer mais que les répétitions demandaient trop de temps ; qu'elle ne voyait jamais plus ses amies ; que celles-ci ne prenaient même plus la peine de lui téléphoner ; qu'elles n'étaient peut-être même plus ses amies. Puis elle s'est mise à pleurer et je l'ai prise dans mes bras.

- Oh ! Maria ! ai-je soupiré, profondément touchée par son expérience.

- C'est bizarre, n'est-ce pas ? a enchaîné Jeanne. Tant que tu n'avais pas accueilli ses sentiments contradictoires, Anna Ruth était incapable de te dire ce qui la contrariait réellement.

- En plein dans le mille, a approuvé Maria avec enthousiasme. Et une fois le véritable problème exposé au grand jour, il lui est venu une idée sur la façon de le régler. Le lendemain, elle m'a annoncé sa décision : elle resterait dans l'orchestre, espérant s'y faire de nouvelles amies.

- Extraordinaire ! me suis-je exclamée.

- Oui, a poursuivi Maria, avec un léger froncement de sourcils. Mais je vous ai seulement parlé de mes bons coups. Je ne vous ai pas dit ce qui s'est passé quand Marco m'a annoncé qu'il détestait M. Poirier.

- Oh ! Oh ! Voilà quelque chose de difficile, ai-je risqué. N'as-tu pas travaillé dans la classe de M. Poirier durant toute l'année dernière ?

- Un très bon enseignant, a-t-elle tristement murmuré. Très consciencieux.

- C'est ce que je veux dire, ai-je poursuivi. Tu avais un vrai dilemme. D'un côté, tu voulais soutenir ton fils. D'un autre côté, tu tiens M. Poirier en haute estime et tu ne voulais pas le critiquer.

- Pas seulement M. Poirier, a repris Maria. Je suis probablement vieux jeu, mais on m'a appris très jeune qu'il ne fallait pas laisser un enfant parler contre un professeur.

- Mais, s'est exclamée Jeanne, si tu appuies ton fils, ça ne veut pas dire que tu doives désapprouver M. Poirier. »

Elle a aussitôt dessiné, à sa manière, l'esquisse d'une réaction parentale typique à l'endroit d'un enfant qui se plaint de son enseignant. Nous avons ensuite entrepris ensemble la rédaction d'un dialogue plus adroit. Le défi à relever, c'était d'éviter d'approuver l'enfant et de dénigrer l'enseignant. Voici à quoi nous en sommes arrivés.

Au lieu de critiquer, de poser des questions ou de donner des conseils

Accueillez et reflétez les sentiments et les désirs de l'enfant

La cloche sonnait. En ramassant ses affaires, Michel a déclaré : « Je ne suis pas encore fixé sur la valeur de ce matériel. C'est peut-être bon pour des parents, mais il me semble qu'un enseignant devrait se contenter d'être une personne convenable, qui aime les enfants, qui connaît sa matière et sait comment l'enseigner. En se dirigeant vers la sortie avec lui, Jeanne a ajouté :

- Malheureusement, ça ne suffit pas. Si nous voulons être en mesure d'enseigner, il nous faut des élèves qui sont affectivement prêts à écouter et à apprendre. »

Tout en les suivant, je sentais qu'il restait beaucoup de choses à dire sur le sujet, sans trop savoir quoi. En rentrant, cet après-midi-là, je passais mentalement en revue nos nombreuses conversations de la semaine et je sentais monter en moi une nouvelle conviction. Je regrettais de ne pas avoir dit à Michel :

« En tant qu'enseignants, notre objectif dépasse la simple transmission des faits et de l'information.

« Si nous voulons que nos élèves deviennent des êtres humains capables de sollicitude envers les autres, nous devons les traiter avec sollicitude.

« Si nous valorisons la dignité des enfants, nous devons enseigner par l'exemple la façon de respecter leur dignité.

« Si nous voulons lancer dans le monde de jeunes personnes qui se respectent elles-mêmes et qui respectent les autres, nous devons commencer par les respecter. Et nous ne pouvons le faire à moins de témoigner du respect envers ce qu'elles ressentent. »

C'est ce que j'aurais aimé lui avoir dit.

Aide-mémoire

L'ENFANT A BESOIN QU'ON ACCUEILLE SES SENTIMENTS, À LA MAISON ET À L'ÉCOLE

L'enfant :   *Juste à cause de quelques petites fautes d'inattention, je n'ai eu que 70 % !*

L'adulte :   *Ne t'en fais pas. Tu feras mieux la prochaine fois.*

POUR TENIR COMPTE DE SES SENTIMENTS, VOUS POUVEZ :

1. NOMMER LES SENTIMENTS DE L'ENFANT.
« Tu sembles vraiment déçu. Ça doit être décourageant : tu connais les réponses et tu perds des points pour des fautes d'inattention. »

2. ACCUEILLIR SES SENTIMENTS PAR UN SON OU PAR UN MOT.
« Oh ! Hum ! Ah ! Je vois. »

3. UTILISER L'IMAGINAIRE POUR LUI OFFRIR CE QU'IL NE PEUT OBTENIR DANS LA RÉALITÉ.
« Comme ce serait amusant d'avoir un crayon magique qui s'arrêterait d'écrire juste avant que tu commettes une faute ! »

4. ACCUEILLIR SES SENTIMENTS TOUT EN METTANT FIN À SON COMPORTEMENT INACCEPTABLE.
« Tu es encore tellement fâché de cette note que tu donnes des coups de pied à ton pupitre ! Je ne peux pas le tolérer. Mais tu peux m'en dire davantage à propos de ce qui te dérange. Ou encore, tu peux le dessiner. »

Questions et récits provenant de parents et d'enseignants

1. Mon fils de 7 ans, Bertrand, perd parfois tous ses moyens quand il fait ses devoirs. S'il ne comprend pas quelque chose, il arrache une page de son cahier, la lance par terre, casse son crayon. Que faire à propos de ces crises ?

Bertrand a besoin d'une personne qui l'aide à reconnaître les sentiments qu'il éprouve et lui enseigne ce qu'il peut en faire. Il faudrait qu'il entende : « Ça doit être vraiment frustrant de ne pas trouver la réponse ! Ça te donne envie de déchirer des choses, de les lancer et de casser des objets. Bertrand, quand tu te sens comme ça, dis : 'Papa ! Je suis frrrustrrrré ! Peux-tu m'aider ?' Alors, nous pourrons peut-être trouver une solution ensemble. »

2. Depuis une semaine, ma fille de 13 ans a trop de peine pour faire ses devoirs ou pour préparer un examen important. Il semble qu'elle a confié à sa meilleure amie, en toute confidence, qu'elle aime un certain garçon. Son amie a aussitôt annoncé la nouvelle au garçon. Après lui avoir démontré de la compassion pour la trahison qu'elle venait d'essuyer, je ne savais plus quoi ajouter, ni quel conseil lui donner. Qu'aurais-je pu lui dire ?

L'un des problèmes reliés aux conseils -même s'ils sont sollicités (« Maman, qu'est-ce que je devrais faire ? ») -c'est que les enfants ne peuvent pas vous entendre quand ils sont en proie à un tourment émotif. Leur souffrance est trop grande. Un conseil hâtif lui paraîtra hors de propos (« En quoi ça me concerne ? »), envahissant («Ne me dis pas quoi faire!»), méprisant («Me crois-tu stupide au point d'être incapable d'y penser moi-même?») ou intimidant («Ça semble être une bonne idée, mais j'en suis incapable»).

Avant que votre fille puisse même commencer à envisager des solutions, elle désire peut-être vous confier certaines préoccupations: «Faut-il que je confronte mon amie? Comment? Pourrai-je encore me fier à elle? Devrais-je essayer de conserver cette relation? Devrais-je parler au garçon? Si oui, que faut-il lui dire?» Autant de questions importantes qui lui fournissent une occasion d'en apprendre davantage sur les relations humaines. En proposant un conseil instantané, vous court-circuitez une importante expérience d'apprentissage.

3. Il n'y a donc aucun moment qui soit propice aux conseils?

Après que l'enfant a été entendu, vous pouvez tâter le terrain en disant: «Comment te sentirais-tu si…? Crois-tu que ça t'aiderait si…? Que penses-tu de l'idée de…? Qu'arriverait-il si…?» Quand vous donnez à l'enfant le choix d'accepter, de rejeter ou d'explorer vos suggestions, vous lui permettez d'entendre vos idées et d'en tenir compte.

4. Dernièrement, mon fils piaffe dans la maison en rouspétant contre son enseignant de sciences sociales: «Il nous fait lire le journal chaque jour, nous impose des débats chaque semaine et nous donne plein d'examens. Personne ne nous donne autant de devoirs que M. M.!» Je ne sais jamais comment réagir. Je commence à prendre l'enfant en pitié.

Votre fils n'a pas besoin de votre pitié. Il a besoin de se sentir compris et apprécié pendant qu'il se débat. Chacune des phrases suivantes pourrait lui rendre service.

• Alors, M. M. vous donne une vraie surcharge de travail.

- Je me rends compte que tu es indigné de toute cette pression.
- Je parie que si tu étais l'enseignant, tu décréterais un congé de devoir de temps à autre.
- M. M. te paraît être un enseignant sévère et exigeant. C'est tout un défi pour toi de te maintenir à la hauteur de ses exigences.

5. Que faire quand un enfant refuse de dire ce qui le préoccupe ?

En tant qu'adultes, nous avons tous vécu des expériences dont nous ne voulons parler à personne, ni sur le moment, ni même à tout jamais. Certains adultes préfèrent être seuls pour surmonter leurs blessures, leur souffrance ou leur honte. Les enfants ne sont pas différents. Ils émettent des signaux clairs quand ils veulent qu'on les laisse seuls pour panser leurs plaies. Même après avoir reçu un commentaire imprégné d'empathie, tel que : « Il a dû se passer quelque chose de bien moche aujourd'hui », ils peuvent se détourner, quitter la pièce ou carrément dire : « Je ne veux pas en parler. » Tout ce que nous pouvons faire, c'est leur faire savoir que nous sommes là pour eux, si un jour ils changent d'avis.

RÉCITS DE PARENTS

Cette première histoire nous a été envoyée par une mère qui décrit comment son mari a aidé leur fils à affronter son anxiété face à sa « première semaine d'école ».

C'était la deuxième journée d'école. Je déployais beaucoup d'efforts afin de mettre mes enfants au lit plus tôt. Tout le monde coopérait, excepté Antoine, mon fils de 9 ans. Il ne cessait de geindre et d'argumenter. Peu importe ce que je disais, il n'était jamais prêt à aller au lit. Finalement, j'ai dit à mon mari : « Jean, tu ferais mieux de prendre la relève auprès de ton fils, parce que moi, je suis au bord de la crise !» Voici ce qui s'est passé par la suite.

Jean :	Hé ! Antoine ! Je veux te parler. Ta mère me dit que tu lui donnes du fils à retordre. Qu'est-ce qui se passe ? J'ai l'impression que quelque chose te ronge.
Antoine :	J'ai beaucoup de préoccupations !
Jean :	Eh bien, je veux que tu m'en parles. Je veux tout entendre. Allons discuter dans ta chambre.

Ils vont ensemble dans la chambre d'Antoine. Jean revient, vingt minutes plus tard, l'air fier de lui-même.

Moi :	Que s'est-il passé ?
Jean :	Rien. J'ai mis l'enfant au lit.
Moi :	Comment as-tu fait ?
Jean :	J'ai écrit ses préoccupations.
Moi :	C'est tout ?
Jean :	Et je lui en ai fait la lecture.
Moi :	Puis, que s'est-il passé ?
Jean :	Je lui ai dit que je l'aiderais à se débarrasser de ses préoccupations au cours du week-end. Il a glissé sa liste sous l'oreiller, a enfilé son pyjama et s'est couché.

Le lendemain, alors que je changeais le lit d'Antoine, sa liste est tombée par terre. En voici le contenu.

CE QUI PRÉOCCUPE ANTOINE

1. Penderie et chambre en désordre. Pas assez d'espace pour tout répandre.

2. Besoin de plus de vêtements pour l'école.

3. Beaucoup de travail à l'école, beaucoup de livres à porter. (Trop jeune pour avoir autant de travail!)
4. Besoin de plus d'argent pour les collations à l'école.
5. La bicyclette va mal. La chaîne dérape constamment.
6. Perdu de la monnaie sous la laveuse à linge. (Comme si même le peu d'argent que tu possèdes disparaît.)
7. Croit que tous les problèmes d'argent seront résolus si papa donne un chèque de cent dollars.

Je n'ai pu m'empêcher de sourire en lisant cela. On croit que seuls les adultes ont de vraies préoccupations. C'est facile d'oublier que les enfants en ont eux aussi. Et tout comme nous, ils ont besoin de quelqu'un pour écouter et prendre leurs préoccupations au sérieux.

Cette histoire décrit comment une mère a aidé sa fille à dépasser ses résistances face au processus d'inscription à une université.

Presque tous les élèves de la classe terminale avaient rempli leur formulaire d'inscription à une université, sauf ma fille Caroline. Elle avait toujours eu tendance à faire les choses à la dernière minute, mais cette fois-ci elle allait trop loin. J'ai évité de la harceler, me contentant de glisser un aide-mémoire de temps en temps quand j'apercevais une ouverture, mais ça ne menait nulle part. Son père s'est assis avec elle pour essayer de la mettre en marche. Il s'est montré très patient. Il a passé en revue ce qu'il croyait répondre aux attentes de l'université et l'a même aidée à écrire une ébauche de texte. Caroline a promis de terminer le tout pour le week-end, mais elle ne l'a pas fait.

Avec les jours qui s'écoulaient, je commençais à devenir hystérique et me suis surprise à lui crier par la tête. Je lui ai donné un avertissement : si elle n'envoyait pas son inscription sur le champ, aucune université respectable ne voudrait l'admettre. Toujours rien.

Puis dans un moment d'inspiration tiré du désespoir, j'ai dit : « Hé ! Ça peut être vraiment menaçant de remplir un formulaire d'inscription pour l'université. Le fait d'avoir à répondre à toutes ces questions et d'écrire un texte qui peut déterminer à quelle université l'on va aboutir, c'est le genre de tâche qu'on a le goût de retarder le plus longtemps possible. »

Elle a émis un bruyant : « Ouais ! ! »

J'ai enchaîné : « Ce serait formidable si on se débarrassait de tous les formulaires d'inscription et si chaque université embauchait des préposés aux admissions doués de perception extrasensorielle, qui reconnaîtraient automatiquement la chance qu'ils auraient à t'avoir comme étudiante. Tu serais inondée d'invitations favorables !

Caroline s'est fendue d'un grand sourire et est montée se coucher. Le lendemain après-midi, elle avait commencé à remplir ses demandes d'admission. À la fin de la semaine, tout était à la poste !

L'expérience suivante nous a été racontée par une mère qui devait composer avec une sérieuse maladie chronique de son enfant.

À onze ans, mon fils Terence portait déjà un stimulateur cardiaque et des lunettes spéciales pour soutenir ses paupières trop faibles. En plus de cela, il a maintenant besoin d'un appareil auditif. Après son examen chez l'audiologiste, il a annoncé : « Tu ne devrais même pas acheter cette débile prothèse auditive. Pas question que je porte ça à l'école. Je vais juste la mettre à la poubelle ou la jeter dans la cuvette des cabinets ! »

Au volant de la voiture, le cœur défaillant, je savais qu'il fallait me taire tant qu'il ne me serait pas venu une idée qui n'envenimerait pas les choses. Mon fils s'est tourné vers moi en disant : « As-tu entendu ce que je viens de dire ? »

J'ai répondu (grâce au Ciel !) : « J'entends un garçon qui déteste tout à fait l'idée de porter un appareil auditif ; c'est la chose la plus terrible qu'il puisse imaginer ! »

Après une pause, je me suis aventurée à dire : « Tu aimerais peut-être que le barbier laisse tes cheveux un peu plus longs sur les côtés. »

Terence a répondu : « Oui. On lui dira. »

Le martèlement dans ma poitrine a diminué et j'ai remercié le Ciel pour les habiletés que j'avais apprises.

Questions d'enseignants

---

1. Est-ce ma responsabilité de m'occuper des émotions des élèves de ma classe ? N'est-ce pas la tâche du conseiller ? J'ai à peine le temps d'enseigner.

Le chemin qui nous semble le plus long se révèle parfois le plus court. Il peut être préférable de passer quelques minutes à s'occuper des sentiments intenses d'un élève que de les laisser atteindre la taille d'un problème qui va consumer du précieux temps de classe. Avec ce processus, vous aurez également aidé un enfant qui en avait besoin.

2. Ça ne mène nulle part quand je questionne mes élèves à propos de leurs sentiments. D'habitude, ils répondent : « Je ne sais pas. » Pourquoi ?

Les enfants sont mal à l'aise quand un adulte les interroge sur leurs sentiments : « Comment te sentais-tu ? Comment te sens-tu maintenant ? Fâché ? Effrayé ? Pourquoi te sens-tu comme cela ? » Des questions de ce genre les incitent à se refermer au lieu de s'ouvrir. La question qui déboussole le plus un enfant, c'est celle qui lui demande de dire pourquoi il se sent comme il se sent. Le mot pourquoi lui demande de justifier ses sentiments, de donner une raison logique, acceptable d'éprouver tels sentiments. Il en ignore souvent la raison. Il n'a pas la sophistication psychologique pour pouvoir dire : « Quand les autres m'ont taquiné à l'arrêt d'autobus, ça m'a touché dans mon estime de soi. »

Quand un enfant est malheureux, ce qu'il apprécie le plus, c'est quand un adulte (père, mère ou enseignant) ose tenter de nommer ce qui se passe en lui. « Ça fait mal de se faire taquiner. Peu importe la raison, ça peut faire très mal. » Cela dit à l'enfant que, s'il a besoin d'en parler davantage, l'adulte sera affectivement ouvert et disponible pour lui.

3. Vous dites que les enfants ont besoin qu'on accueille leurs pires sentiments. N'est-ce pas dangereux que les élèves interprètent notre accueil comme une permission d'agir selon leurs pires sentiments ?

Pas si nous faisons une nette distinction entre sentiments et comportement. Oui, les élèves ont le droit de sentir la colère et de l'exprimer. Non, ils n'ont pas le droit de se conduire de façon à faire mal à une autre personne, ni physiquement, ni affectivement. Par exemple, nous pouvons dire à David : « Tu étais tellement en colère contre Marc que tu as essayé de le frapper. David, je ne peux permettre à aucun de mes élèves de se faire mal entre eux. Dis à Marc ce que tu ressens : avec des mots, pas avec les poings. »

4. Un de mes élèves du début du secondaire vient d'une famille dysfonctionnelle. C'est difficile de me montrer compréhensive quand il me dit : « Je te déteste » ou « Tu es méchante » ou qu'il utilise des mots que je ne veux même pas répéter. Je ne sais jamais comment réagir. Des suggestions ?

Parfois, un élève en difficulté fait délibérément danser son enseignante pour la faire fâcher ou la mettre sur la défensive. Une partie du plaisir consiste à enfoncer le bouton et à l'entraîner dans une longue harangue colérique pendant que la classe rigole. Au lieu de réagir avec hostilité, vous pouvez dire calmement : «

Je n'aime pas ce que je viens d'entendre. Si tu es fâché, dis-le moi autrement ; ça me fera plaisir de t'écouter. »

5. Une de mes élèves m'a récemment parlé de quelques-uns de ses problèmes à la maison. Il semble que son frère et ses parents se disputent continuellement. Je lui ai dit : « Je vois que ça te rend malheureuse, mais regarde toutes les choses dont tu devrais être reconnaissante. » Elle a éclaté en sanglots. Qu'est-ce que j'ai fait de mal ?

Méfiez-vous du mot *mais*. Il écarte l'émotion qu'on vient d'exprimer et annonce : « Maintenant, je vais t'expliquer pourquoi tes sentiments ne sont pas importants. Les enfants ont besoin d'entendre une acceptation inconditionnelle de leurs émotions du moment. (« Je vois que tu es attristée par ce qui arrive à la maison. Tu souhaiterais que tout le monde s'entende mieux. ») Une réponse qui accorde une compréhension totale, sans réserve, donne aux jeunes le courage de commencer à faire face à leurs problèmes.

RÉCITS D'ENSEIGNANTS

Ce premier récit nous vient d'une stagiaire en enseignement, assignée à une classe de maternelle bilingue.

Plusieurs semaines après le début des classes, une famille venait tout juste de déménager dans le voisinage. Les parents ont fait entrer leur jeune fils dans la classe, l'ont présenté à l'enseignante et sont aussitôt repartis. L'enseignante lui a souri gentiment, lui a indiqué son siège et lui a donné des crayons à colorier et du papier. Elle lui a dit que les autres étaient en train de dessiner un membre de leur famille. Le petit garçon a éclaté en sanglots. L'enseignante a dit : « Non, non. No llores (*Ne pleure pas*) ». Je me suis approchée pour le réconforter, mais l'enseignante m'a fait signe de m'éloigner. Elle a ajouté d'un ton sévère : « Laisse-le seul, sinon il va pleurer jusqu'en juin. » Puis, elle est retournée à son pupitre pour terminer un rapport.

J'ai essayé de l'ignorer, mais j'avais trop pitié de ses pleurs. Je me suis assise à ses côtés et lui ai doucement caressé le dos. Il a mis la tête sur son pupitre en sanglotant : « Quiero mi mama... Quiero mama ! » J'ai murmuré : « Quieres tu mama ? (*Tu veux ta maman ?*) » Il m'a fixée, les yeux remplis de larmes, en disant : « Sì. »

J'ai ajouté (en espagnol) : « C'est difficile de quitter ta maman. Même si tu sais que tu vas la revoir bientôt, c'est difficile d'attendre. On pourrait peut-être faire un dessin de ta maman. » J'ai alors pris un crayon, j'ai tracé un cercle pour le visage et dessiné un nez et une bouche. Puis, je lui ai tendu le crayon en disant : « Tiens, tu fais les yeux. »

Il s'est arrêté de pleurer, a agrippé le crayon et a placé laborieusement deux points. J'ai enchaîné : « Tu lui as donné des yeux. De quelle couleur vas-tu faire ses cheveux ? » Il a choisi un crayon noir et s'est mis à dessiner les cheveux. Quand je l'ai laissé, il travaillait encore à son dessin.

Je me suis sentie merveilleusement bien. Si je l'avais ignoré, je suppose qu'il se serait éventuellement calmé ; mais en accueillant ses sentiments de tristesse, je sais que je l'ai aidé à les laisser tomber.

La prochaine scène nous vient d'un jeune enseignant des métiers au secondaire. Il raconte comment il a fait cesser une dispute à la cafétéria en accueillant la colère de chacun des antagonistes.

J'ai entendu des cris et j'ai vu deux garçons sur le plancher. Je suis accouru et j'ai extirpé Manuel, qui était assis sur Julio et lui martelait la poitrine de ses poings. Voici ce qui s'est passé au moment où je les séparais.

Moi :	Vous êtes vraiment fâchés l'un contre l'autre !
Manuel :	Il m'a donné un coup de pied entre les jambes !
Moi :	Ça, ça fait mal ! Pas étonnant que tu sois tellement fâché.
Julio :	Il m'a donné un coup de poing dans le ventre.
Moi :	C'est pour ça que tu l'as frappé !
Manuel :	Il a pris mes croustilles.
Moi :	Ah ! C'est ce qui t'a mis en colère. Eh bien, Julio sait maintenant que tu n'aimes pas qu'on prenne tes croustilles ; je suppose qu'il ne le fera plus.
Manuel :	C'est mieux pour lui.

Ils se sont toisés du regard.

Moi :	Vous avez peut-être besoin de vous séparer quelque temps avant de redevenir copains.

C'était terminé. Plus tard, j'ai revu les garçons marcher ensemble en riant dans le couloir. En me voyant, Julio m'a lancé : « Regardez, on est redevenus copains ! »

Le dernier récit vient d'une enseignante qui a dû composer avec des élèves secoués par le déclenchement d'une guerre.

Le lendemain du déclenchement des hostilités dans la guerre du golfe, plusieurs élèves semblaient effrayés et nerveux. J'ai pensé que la meilleure chose à faire, c'était de replacer les événements récents dans une perspective historique. J'ai donc préparé une leçon passant en revue d'autres guerres majeures auxquelles les États-Unis avaient participé, en commençant par la guerre d'indépendance. Quand j'ai annoncé mon intention, les élèves sont demeurés silencieux. Une fille a dit : « Mlle Rioux, pourrait-on faire autre chose que ce que vous avez prévu aujourd'hui ? Pourrait-on parler de nos sentiments par rapport à la guerre ? » La classe me regardait avec appréhension. J'ai demandé : « C'est ce que vous aimeriez faire ? » Graves hochements de tête. J'étais touchée du témoignage de confiance qu'ils m'adressaient en proposant une option différente pour la leçon.

Un des garçons a commencé. « C'est débile, la guerre ! » a-t-il lancé, d'un ton lugubre.

Tous les yeux se sont tournés vers moi, guettant ma réaction. « Je vois que tu parles avec conviction. Je veux en savoir plus. »

C'était lancé. Les trente minutes suivantes ont passé à toute allure ; à tour de rôle, les élèves ont exprimé leurs plus grandes peurs et leurs inquiétudes les plus profondes. Puis, quelqu'un a proposé : « Mettons les choses par écrit, d'accord ? » J'ai pensé que ce serait une bonne idée. Ça les aiderait peut-être à trouver une solution créative pour canaliser leurs intenses sentiments.

Ils ont ouvert leurs cahiers de notes et se sont mis à écrire dans un silence maussade. Vers la fin de la période, j'ai demandé si quelqu'un voulait lire son travail à haute voix. Plusieurs l'ont fait. En voici trois extraits.

Effrayés et éloignés de leur foyer,
ils combattent et perdent leur vie pour une chose
qu'on aurait pu éviter. (Sylvia)

Pendant une guerre,
on entend beaucoup de sons :
le bruit des fusils et les appels à l'aide.
Mais le son le plus fort de tous
vient du cœur des familles,
brisées par la mort des hommes à la guerre. (Joseph)

Beaucoup d'innocents vont mourir,

et beaucoup plus vont se mettre à pleurer.
Quand meurent les mamans
et les papas des enfants,
les enfants sont tristes,
les enfants ont peur,
les enfants ne comprennent pas pourquoi. (Jamie)

À la fin de la période, le nuage lourd qui était suspendu au-dessus de la classe commençait à se dissiper. Les enfants avaient partagé une douleur commune. Nous nous sentions tous davantage reliés les uns aux autres. Un peu moins seuls.

2

Sept habiletés qui invitent les enfants à coopérer

PENDANT MA PREMIÈRE ANNÉE D'ENSEIGNEMENT, mon idée sur la façon d'obtenir la coopération ressemblait au slogan de la compagnie Nike : « Faites-le donc ! » Après tout, n'avais-je pas mis beaucoup de temps à planifier la journée avec soin et à la découper en une série de leçons motivantes. Nous avions beaucoup de matières à couvrir et peu de temps pour le faire. Alors, si seulement les élèves restaient assis en silence et coopéraient un peu, nous aurions pu maximiser notre temps prévu pour l'apprentissage.

Le mot coopération signifie travailler ensemble vers un objectif ou un but commun ; toutefois, je trouvais que certains élèves agissaient comme si leur objectif commun était de mettre fin à mon travail ! En pleine révision d'un devoir, quelqu'un me demandait la permission d'aller aux toilettes, un avion en papier traversait la pièce et un élève tombait de sa chaise. Qu'avaient-ils donc, ces enfants ? Ne savaient-ils pas à quel point l'éducation est importante ? Ne voyaient-ils pas le lien entre l'école et leur propre avenir ? Pourquoi ne faisaient-ils pas preuve d'un peu de discipline personnelle ?

Puis un jour, alors que je faisais la surveillance avec une autre enseignante pendant la récréation, j'ai observé un groupe d'élèves se pousser, se bousculer et pousser des hurlements pour savoir à qui c'était le tour de jouer avec la balle. Ma collègue roulait les yeux de dégoût. « Regarde-les faire, a-t-elle dit. Comme ils manquent de maturité ! Pourquoi se comportent-ils de façon aussi infantile ? » J'ai grommelé sans me compromettre, mais en me disant : « Peut-être parce qu'ils sont des enfants. Peut-être que nous, les adultes, devrions mieux comprendre comment agissent de véritables enfants.» Quand j'ai rencontré Jeanne, au salon du personnel, je lui ai fait part de la grande prise de conscience qui m'était venue pendant la récréation. Jeanne a secoué la tête. «Ce que tu observes, c'est plus que de simples comportements enfantins. Certains de ces enfants sont aux prises avec des problèmes dont nous n'avions aucune idée à leur âge. Dans ma classe, certains jeunes ne voient presque jamais leurs parents. Il s'agit de professionnels influents, absorbés par leur carrière, qui tentent désespérément de réussir sur tous les plans. J'ai d'autres enfants dont les parents ne peuvent pas être au foyer, parce qu'ils occupent un emploi de jour et un emploi de nuit pour arriver à survivre. Michel a un élève qui est passé dans deux foyers d'accueil et trois différentes écoles dans un an. Et tu m'as dit que tu as un élève qui habite dans un foyer pour sans-abri. Non seulement ces enfants font-ils face aux problèmes normaux de l'adolescence, mais plusieurs d'entre eux n'ont même pas eu la chance d'être des enfants.»

Jeanne a fait une pause en soupirant. «La triste vérité, c'est que dans le monde d'aujourd'hui, les enfants sont plus que jamais soumis au stress et à la négligence. Si nous voulons conserver un mince espoir de les aider à maîtriser des habiletés académiques, il faut les aider à déballer une partie du bagage émotionnel qu'ils apportent dans nos salles de classe. Cela implique que notre rôle d'enseignant doit changer pour inclure plusieurs éléments du rôle parental.»

Je sentais que Jeanne avait raison. Même si certains de mes élèves arrivaient en classe prêts à apprendre et désireux de le faire, d'autres semblaient distraits et dans le besoin. C'était peut-être pour cela qu'ils résistaient et ne tenaient aucun compte de mes moindres demandes. Tout ce qui se passait à la maison continuait d'alimenter leur comportement à l'école. D'une certaine façon, c'était presque logique. Quand Samuel avait demandé à sa mère s'il pouvait lui lire sa rédaction, elle avait répondu de la laisser tranquille (son ami de cœur venait juste de la laisser tomber).

Mélissa, dont le père est veuf et alcoolique, grandissait sous la tutelle d'une adolescente et d'un appareil de télé. Elle ne savait pas comment interagir avec un adulte. La mère d'Éric était continuellement dépressive. Quelle idée chacun de ces enfants pouvaient-ils bien se faire de la coopération ? Ils n'étaient certainement pas en train de l'apprendre au sein de leur famille. De toute évidence, j'étais incapable de changer leur condition de vie familiale. Mais j'étais peut-être capable de changer ce qui se passait à l'école.

Pendant que je réfléchissais à mon style d'enseignement, je devais bien admettre que j'avais parfois l'air du sergent instructeur qui hurle des ordres :

- Taillez vos crayons.
- Levez la main.
- Inscrivez votre nom sur votre travail.
- Restez à votre place.
- Sortez vos livres.
- Ne regardez que votre propre feuille.
- Mettez-vous en ligne.
- Baissez le ton.
- Jetez votre chewing-gum
- Manipulez l'ordinateur avec soin.

Je ne me contentais pas de dire aux enfants ce qu'ils devaient faire, je leur disais aussi ce qu'ils ne devaient pas faire :

- Ne courez pas dans le corridor.
- Ne poussez pas.
- Ne soyez pas impolis.
- Ne frappez pas !
- N'oubliez pas votre devoir.
- N'écrivez pas sur votre pupitre.
- Ne parlez pas.
- Ne trichez pas !

- Ne mettez pas les pieds dans l'allée.
- N'agacez pas la gerbille.

Au lieu d'enseigner de la matière, je passais la plupart de mon temps à tenter de discipliner des élèves qui échappaient à tout contrôle. Mais si je ne le faisais pas, comment arriveraient-ils à apprendre à se conduire de façon civilisée ? Il me semblait pourtant que, plus je donnais d'ordres, plus les élèves se montraient rebelles. Le précieux temps de classe se perdait à réagir aux provocations et aux luttes de pouvoir. Quand je rentrais chez moi après une journée particulièrement difficile, ma patience était à bout, mon énergie à plat et mes forces sapées. Je me sentais comme on dit dans la blague : « Il me reste un seul nerf... et tu tapes dessus ! »

Je suis retournée à mon exemplaire de *Parler pour que les enfants écoutent...* et j'ai relu le chapitre intitulé *Susciter la coopération*. Tous les exemples se situaient dans le contexte de la maison. Qu'arriverait-il si je les remplaçais par des exemples adaptés à l'école. J'ai jeté sur papier une version révisée d'un des exercices et je l'ai apportée à l'école pour la montrer à mes collègues à l'heure du lunch. Pendant qu'ils prenaient leur café, j'ai dit : « Bon, les amis. On joue à l'école -une fois de plus. Je suis l'enseignante ; vous êtes mes élèves. Pendant que vous m'écoutez, demandez-vous : Quand j'entends les paroles de l'enseignante, comment est-ce que je me sens ? Qu'est-ce qui me vient à l'esprit ? Puis donnez-moi vos réactions sans les censurer. »

« Il n'en est pas question, s'est écrié Michel, en tendant la main vers ma feuille. La dernière fois, j'étais le cobaye. Que diriez-vous de me laisser jouer à l'enseignant ? Vous réagirez à ce que je dis. »

Nous nous sommes mis d'accord. Voici les phrases lues par Michel, ainsi que les réactions des élèves, Maria, Jeanne et moi.

L'ENSEIGNANT (QUI BLÂME ET ACCUSE) :
« *Tu as encore oublié ton crayon ? Avec quoi croyais-tu écrire ? Maintenant, il faut interrompre la leçon, faire perdre le temps de tout le monde et te trouver un crayon.* »

Réactions des élèves :
- Je me sens humiliée.
- Je ne fais jamais rien de bon.
- La maîtresse est méchante.

L'ENSEIGNANT (QUI LANCE DES INJURES) :
« *Il faut que tu sois plutôt stupide pour remettre un devoir sans même inscrire ton nom.* »

Réactions des élèves :
- Je te déteste !
- Tout ce que je fais est mal.
- Je suppose que je suis stupide.

L'ENSEIGNANT (QUI MENACE) :
« *Si te je vois cracher un autre boulette de chewing-gum, je te fais sortir de la classe tellement vite que la tête va te tourner. Et si ce comportement se poursuit, tu seras suspendu !* »

Réactions des élèves :
- Je ne te crois pas.
- Je m'en fiche !
- J'ai peur.

L'ENSEIGNANT (QUI DONNE DES ORDRES) :
« *Tais-toi. Range ton cahier. Rentre dans le rang. Tout de suite. Dépêche-toi !* »

Réaction des élèves :
- Je ne suis pas ton esclave.
- Je vais le faire, mais lentement.
- Comment sortir de cette prison ?

L'ENSEIGNANT (QUI SERMONNE ET FAIT LA MORALE) :
« *Ce n'était pas gentil de casser le stylo de Jean. Aimerais-tu que quelqu'un abîme ton stylo ? Si on te prête quelque chose, tu dois en prendre bien soin, comme tu voudrais que l'autre prenne soin de tes choses. Maintenant, ne crois-tu pas que tu devrais faire des excuses à Jean ? Moi, si.* »

Réactions des élèves :
- Je dois être méchante.
- Bla, bla, bla.
- Je n'écoute plus.

L'ENSEIGNANT (QUI DONNE UNE MISE EN GARDE) :
« *Fais attention à ces éprouvettes ! Si elles se cassent, tu vas te couper... Attention avec ce brûleur Bunsen ! Tiens-tu à avoir un accident ?* »

Réactions des élèves :
- J'ai peur.
- Aussi bien ne rien faire du tout.
- C'est faux. Il ne se passera rien.

L'ENSEIGNANT (QUI JOUE AU MARTYR) :
« *Chaque soir, quand je rentre chez moi, j'ai mal à la tête à cause de vous, les jeunes. Vous voyez tous ces cheveux gris ? Il y en a un pour chacun d'entre vous.* »

Réactions des élèves :
- Je vais t'acheter de la teinture pour les cheveux.
- Je voudrais être ailleurs ! Je n'en peux plus d'entendre ces plaintes-là.
- C'est ma faute.

L'ENSEIGNANT (QUI COMPARE) :
« *Pourquoi ton travail est-il en retard ? L'an dernier, ta sœur Sandra était dans ma classe et elle remettait toujours ses travaux à temps.* »

Réactions des élèves :
- Je ne serai jamais aussi bonne que Sandra.
- Je déteste ma sœur !
- Je déteste la maîtresse !

L'ENSEIGNANT (QUI FAIT DES REMARQUES SARCASTIQUES) :
« *Personne ne se souvient en quelle année Christophe Colomb a découvert l'Amérique ? Brillant ! Il doit y avoir un aimant dans cette école : elle attire des élèves souffrant de dysfonctionnement. La seule façon d'élever le QI de cette classe serait de vous faire mettre debout sur vos chaises.* »
Réactions des élèves :
- Suis-je bête ! J'oublie tout.
- Il y a un aimant dans cette école. Regardez l'enseignant qu'on a attiré. Il souffre de dysfonctionnement.
- Allez au diable !

L'ENSEIGNANT (QUI FAIT DES PRÉDICTIONS) :
« *Avec tes habitudes de travail, tu ne seras jamais capable de conserver un emploi. Si tu n'obtiens pas de meilleures notes, aucune université digne de ce nom ne voudra de toi.* »
Réactions des élèves :
- Rien à faire.
- Je ne suis bon à rien.
- Pourquoi essayer ? Je laisse tomber.

À la fin de l'exercice, nous nous sommes regardés d'un air ahuri. Jeanne a mis en mots ce que nous avions à l'esprit.

« Si nous ressentons autant de colère et de désespoir juste à prétendre que nous sommes des élèves, que doivent bien ressentir de vrais élèves ?

- Surtout si, par-dessus le marché, ils entendent le même genre de phrases à la maison, a ajouté Maria. Ma sœur dit toujours à ses enfants : « Si vos notes ne s'améliorent pas, finie la télé… Tu devrais étudier comme le fait ton frère. Tu obtiendrais peut-être des A toi aussi… Tu ne fais pas ton travail parce que tu es paresseux.» Elle est toujours sur le dos de ses enfants. Et son mari leur fait toujours la morale.

- La spécialité de mon père, c'était le sarcasme, a ajouté Jeanne. Je suppose qu'il se croyait drôle ou intelligent. Il disait : «Perdu un livre de la bibliothèque? C'est très responsable de ta part.» Quand j'étais jeune, ça me rendait confuse. Je me disais : «Comment la perte de quelque chose peut-elle être un geste responsable?» Plus grande, ses sarcasmes me blessaient vraiment et me donnaient le goût de lui répondre sur le même ton. Parfois, je le faisais. Malheureusement, je suis devenue très bonne à le faire. Quand j'ai commencé à enseigner, les mots me sortaient tout seuls de la bouche, en particulier lorsque j'étais frustrée. Je me souviens avoir dit à un élève flâneur la même chose que mon père m'avait répétée des milliers de fois : «Es-tu naturellement lente -ou quelqu'un t'aiderait-il à l'être?» Toute la classe s'est éclatée de rire.

- Et ces rires, a enchaîné Michel, c'est comme une musique à l'oreille d'un enseignant, ce qui l'incite à pousser le sarcasme à un degré encore plus raffiné.

- Je sais, a ajouté Jeanne avec sérieux. Mais derrière tous ces rires, il se trouve un enfant qu'on a déchiré -publiquement. Je ne le fais plus.

- Comment as-tu fait pour t'en empêcher? a demandé Maria.

- Je n'ai aucun plaisir à le raconter, a répondu Jeanne en grimaçant. Au cours de ma deuxième année d'enseignement, j'avais dans ma classe une fille particulièrement agaçante. Au beau milieu d'une leçon, Thérèse n'avait aucun scrupule à sortir un miroir et refaire sa coiffure. Un jour, je posais des questions aux élèves à propos d'une leçon portant sur l'Égypte ancienne. Aucune main ne se levait. C'est alors que j'ai aperçu Thérèse en train de se curer les ongles. Ç'en était trop! J'ai dit : «Eh bien, ce n'est pas à Thérèse que je vais demander la réponse. Elle contribue déjà tellement à nos discussions qu'il faut donner la chance à d'autres. » Quelques-uns ont ricané, mais à mon grand étonnement, Thérèse a levé les yeux de ses ongles et m'a gratifiée d'un sourire rayonnant. Elle avait cru que je le pensais vraiment ! Mon compliment l'avait touchée ! J'avais tellement honte que je me suis promis : « Plus jamais ! Si je veux montrer ma désapprobation, je dois le faire sans détour. Si je veux être drôle, je dois m'assurer que ce n'est pas au détriment d'un enfant. »

- D'accord, a répliqué Michel. Ainsi, bien des choses que nous disons normalement aux élèves font qu'ils se sentent mal par rapport à eux-mêmes ou par rapport à nous. Mais un fait demeure : nous avons tout de même pour tâche de voir à ce qu'ils se conduisent correctement.

- C'est vrai, a surenchéri Maria. Que devrait faire alors l'enseignant si ce n'est d'essayer d'être gentil en disant : « S'il te plaît, fais ceci, ou s'il te plaît, ne fais pas cela. »

- Attendez ! ai-je répondu, en sortant mon exemplaire de *Parler pour que les enfants écoutent…* que j'ai aussitôt brandi. La réponse se trouve ici. »

J'ai cherché le chapitre *Susciter la coopération* et j'ai montré les bandes dessinées à Michel et à Maria. Michel a étudié les dessins.

« Tous les exemples s'adressent aux parents, a-t-il fait remarquer.

- Oui, a ajouté Maria, mais au foyer ou à l'école, les enfants restent des enfants. Je ne crois pas que cela change grand chose.

- Au contraire, a répliqué Michel. Je pense que la différence est énorme entre la situation des parents et celle de l'enseignant : une mère, un père – ou les deux – s'occupent d'un enfant ou deux, alors qu'un enseignant tente d'encadrer une trentaine d'enfants en même temps.

- C'est vrai. Dans ce sens, le travail de l'enseignant est plus difficile, a reconnu Jeanne. Mais le travail des parents est plus difficile dans un autre sens. Leur engagement dure toute la vie. Impossible pour eux de congédier leurs propres enfants à quinze heures. Ni espérer en avoir des nouveaux à l'automne.

Néanmoins, que l'on soit dans la salle de séjour ou dans la classe, les mêmes habiletés peuvent s'avérer utiles et efficaces »

Pendant tout le temps que nous avons cassé la croûte, nous nous sommes efforcés de trouver, pour le contexte scolaire, des applications conformes aux principes qui sous-tendent la coopération. Voici, sous forme de bandes dessinées, les exemples que nous avons trouvés.

Décrivez le problème

Au lieu d'accuser l'élève

Décrivez le problème

Au lieu de se montrer sarcastique

Décrivez le problème

Au lieu de donner des ordres

Décrivez le problème

Quand les enseignants décrivent le problème au lieu de passer aux accusations ou de donner des ordres, les élèves sont plus enclins à se conduire de façon responsable.

Donnez des renseignements

Au lieu d'accuser l'élève

Donnez des renseignements

Au lieu de blâmer l'élève

Donnez des renseignements

Au lieu d'humilier l'élève

Donnez des renseignements

*Quand les enseignants donnent des renseignements aux élèves
sans les insulter, ceux-ci sont davantage portés
à modifier leur conduite.*

Donnez-leur le choix

À la place d'un ordre   *Donnez-leur le choix*

Au lieu de prédire le pire   *Donnez-leur le choix*

Au lieu de faire des menaces   *Donnez-leur le choix*

Les menaces et les ordres peuvent amener les élèves à se sentir impuissants ou rebelles. Les choix ouvrent la porte à de nouvelles possibilités.

Dites-le en un mot ou faites un geste

Au lieu de mettre l'élève en garde   *Dites-le en un mot*

À la place d'une remontrance   *Faites un geste*

Au lieu d'accuser l'élève   *Dites-le en un mot*

Les élèves détestent entendre des remontrances et de longues explications. Un seul mot ou un simple geste les encourage à réfléchir au problème et à découvrir ce qu'il faut faire.

Décrivez ce que vous ressentez

(SANS PARLER DU CARACTÈRE DE L'ÉLÈVE)

À la place du sarcasme

Dites ce que vous ressentez

Au lieu d'humilier l'élève

Dites ce que vous ressentez

À la place des injures

Dites ce que vous ressentez

*Quand les enseignants décrivent leurs sentiments sans dénigrer
les élèves ni les ridiculiser, ceux-ci peuvent écouter
et réagir de façon responsable.*

Écrivez une note

Les élèves sont souvent sourds aux paroles des adultes, mais s'ils voient quelque chose d'écrit, ils comprennent aussitôt. On a placé la note qui suit dans une cage à lapin souillée.

Un enseignant a placé la note suivante sur la corbeille à devoirs. Il était fatigué de faire de constants rappels verbaux.

Un enseignant a envoyé cette note à une élève qui tardait à remettre son devoir.

Nous étions fiers de nous. Les exemples qu'ensemble nous avions réussi à trouver avaient l'air tout à fait applicables -sur papier.

«Maintenant, ai-je poursuivi, le vrai défi, c'est de mettre toutes ces merveilleuses idées en pratique dans la salle de classe.

- Vous serez peut-être surpris d'apprendre, a enchaîné Michel, que quand je suis au sommet de ma forme, j'en applique déjà spontanément une partie avec mes élèves. Je leur dis toujours : «Tes pieds... La porte... Ton devoir...» Sauf que j'ignorais qu'il s'agissait d'une habileté. Je fais aussi autre chose qui ne figure pas sur cette liste.

- On a oublié quelque chose ?

- Oui ! Le plaisir. Le jeu. Un peu d'humour. N'importe quoi qui peut égayer. Je le fais autant pour moi que pour les élèves.

- Une petite blague, c'est bien, a commenté Maria. Marco aime son cours de biologie parce que l'enseignant fait toujours des blagues. Et c'est vrai. Lors de la rencontre parents-maîtres, cet enseignant a dit aux parents qu'en raison du manque de fonds, les élèves du premier cours devraient peut-être recoudre les grenouilles pour permettre aux élèves du cours suivant de les disséquer à leur tour.

- C'est ce que je voulais dire, a répliqué Michel en riant de bon cœur. L'humour met tout le monde de bonne humeur et incite les élèves à coopérer.

- Que fais-tu au juste, Michel ? ai-je demandé, curieuse. Donne-moi un exemple.

- D'accord, a-t-il répondu. Les exercices d'évacuation. Vous savez que les élèves ne les prennent jamais au sérieux et qu'on a de la difficulté à les faire sortir. Mais si je fais mon numéro de commandant de la marine, notre classe est la première à se rendre dans la rue.

- Ton numéro de quoi ? avons-nous demandé. »

Michel a alors enroulé une feuille de papier en forme de mégaphone et il l'a portée à sa bouche.

«Écoutez tous ! a-t-il entonné. Nous allons faire un exercice. Un exercice d'évacuation en cas d'incendie. Chacun à son poste. Prêts pour la manœuvre. Tout le monde sur le pont. Et que ça saute !

- C'est surprenant, a enchaîné Jeanne, de voir comme les enfants réagissent vite à tout ce qui s'apparente au jeu. Quand j'enseignais à des petits de cinq ans, je me souviens que c'était toute une affaire de les amener à se mettre en rang avant de se diriger quelque part. Puis, un jour, j'ai dit : «Les enfants, on forme un train pour se rendre à la récréation. Juan, tu te places en avant et tu fais la locomotive. Monica, tu vas à l'arrière pour faire le fourgon de queue. Tous les autres, vous êtes les wagons de marchandises entre les deux. Maintenant, on s'attache tous par les épaules et attention au départ !» En moins de deux, ils formaient une file indienne parfaite et traversaient la porte en haletant – tout sourires.

- Ce genre de choses, tu ne le ferais qu'avec de jeunes enfants, non ? a demandé Maria.

- C'est ce que je croyais ! s'est exclamée Jeanne. L'année suivante, lorsqu'on m'a donné des élèves de huit et neuf ans, je croyais qu'ils étaient trop vieux pour ce genre de choses. Puis un jour, l'enseignante de la classe voisine s'est plainte du bruit que faisaient mes élèves quand ils se rendaient à la cafétéria. Au lieu de les réprimander, je leur ai dit, le plus sérieusement du monde, de sortir leur clé magique de leur poche, de la faire tourner dans leur bouche, puis de me la remettre en quittant la pièce.

- Ils l'ont fait ? a demandé Maria.

L'un après l'autre, ils sont venus déposer une clé dans ma main. Puis ils se sont tous rendus à la cafétéria, les lèvres serrées et la mine réjouie. Puis, à tour de rôle, je leur ai remis leur clé afin qu'ils puissent ouvrir la bouche pour parler et manger.

- Tes propres enfants savent-ils à quel point ils sont chanceux d'avoir une mère comme toi ? ai-je confié à Jeanne. On doit avoir bien du plaisir à vivre avec toi. Jeanne a esquissé un faible sourire.

- Mes enfants ne seraient pas d'accord avec toi, a-t-elle répondu en ramassant ses affaires pour retourner en classe. Quand je rentre de l'école, je suis complètement vidée. Tout ce que je veux, c'est la paix et la tranquillité.

- Et tu finiras pas l'avoir, a ajouté Michel en se dirigeant vers la porte avec Jeanne, quand tes enfants seront grands et qu'ils auront quitté la maison.»

Cet entretien a eu lieu un vendredi. Le lundi suivant, Jeanne est arrivée à la salle à manger le visage rayonnant. Quoi de neuf? a demandé Michel.

«Je suis vraiment fière de moi, a-t-elle répondu. Vous vous souvenez de notre conversation de vendredi? En bien, quand je suis rentrée cet après-midi-là, mes enfants étaient dans la cuisine en train de prendre leur collation. Il y avait des livres, des chaussures, des pelures de banane partout sur la table et des miettes par terre. Ai-je proféré des menaces? Ai-je lancé des injures? Ai-je fait un sermon? Non.»

Jeanne a alors fait une pause théâtrale en montrant Michel du doigt. J'ai plutôt utilisé ton idée : parler comme si j'étais un autre personnage.

«Un personnage? a demandé Michel, l'air perplexe.

- En fait, j'ai essayé plusieurs rôles. Les enfants ont adoré. Et mon mari s'en est trouvé tellement inspiré qu'il a ajouté quelques personnages de son cru.

- Donne-nous un exemple, a demandé Michel.

- Ici? Maintenant? Ce serait bien trop intimidant!»

Il n'a pas été nécessaire d'insister trop longuement. Bientôt, Jeanne s'est mise à nous divertir avec ses imitations. Sous forme de bandes dessinées, voici les personnages qu'elle et son mari ont créés pour s'amuser tout en amusant leurs enfants.

Au lieu de réprimander

Essayez de changer de voix ou d'accent

La tragédienne

Je le déclarrre, je pourrrrais m'évanouirrr devant le désorrrdre de cette cuisine. Venez tous me donnerrr un coup de main.

Le bandit

OK, les mecs. C't dépotoir doit être nettoyé avant l'heure du spectacle, sinon... y aura d'la casse !

La diva

Des miettes ! Des miettes ! Je tombe en miettes devant ces miettes !

L'aristocrate anglais

Messiours, lé dinner séra servi à dix-houit houres. Voulez-vous please ranger pour qué nous pouissions manger à l'aise.

Le robot

Tous--- les jouets--- livres--- chaussures--- pelures de banane--- doivent--- disparaître--- avant--- le repas.

La domestique espagnole

Santa Madre de Dios ! Oune chaussoure sour la mesa où nosotros mangeons ! Non, non, non ! Les chaussoures : dans lé placard !

Maria était tout sourire.

« C'est très drôle, ce que tu as fait. Je sais que si j'interprétais des rôles comme ceux-là avec mes enfants, ils se mettraient probablement à ranger eux aussi. Mais je me sentirais ridicule. Ce n'est pas mon genre. Je suis plus sérieuse. Peut-être trop sérieuse.

- Je n'en suis pas si sûre, a répliqué Jeanne. Je crois que nous avons tous une partie enjouée en nous, enfouie quelque part. Il nous suffit de la trouver et de la laisser sortir. Pense à ce que tu as fait avec Anna Ruth, l'autre matin. (Maria semblait perplexe.) Quand vous avez eu cette grosse dispute avant son départ pour l'école !

- Oh ! Ce n'était rien, a répliqué Maria en rougissant.

- Fais-moi confiance, Maria, a poursuivi Jeanne. C'était quelque chose. Raconte tout ce qui s'est passé. S'il te plaît.

- Eh bien, a commencé Maria en hésitant, Anna Ruth et moi avions eu une grosse prise de bec juste avant l'arrivée de l'autobus. Je voyais à quel point elle était contrariée de partir avant d'avoir fait la paix. Je savais qu'elle avait le goût de m'embrasser, mais qu'en même temps elle ne voulait pas le faire. Je lui ai alors demandé si je pouvais avoir un bisou. Elle a refusé. Je lui ai demandé si je pourrais en avoir un à son retour de l'école. Elle a dit : " Non ! " Je lui ai demandé si je pourrais en avoir un le jour de son mariage ! Elle s'est esclaffée en répondant : " Oh ! Maman ! " et en me donnant une accolade et un baiser. Nous nous sommes senties mieux, toutes les deux. »

Le repas terminé, je me sentais étrangement enthousiaste en montant les escaliers qui mènent à ma salle de classe. J'avais été touchée par l'histoire de Maria (imaginez : recourir au jeu dans un pareil moment de tension !) et j'étais encore sous le charme des personnages loufoques inventés par Jeanne et son mari. Je trouvais très amusante l'idée d'essayer quelque chose de nouveau, d'inattendu. Je pensais à mes élèves exubérants qui lançaient constamment leurs réponses sans même lever la main. J'avais essayé plusieurs de mes nouvelles habiletés avec eux, mais jamais l'humour. J'avais décrit le problème : « J'entends des réponses, mais je ne vois pas de mains levées. » L'astuce avait marché avec certains élèves. Je leur avais dit comment je me sentais : « Cela me contrarie d'entendre tout le monde parler en même temps, et finalement de ne plus entendre personne. » Deux ou trois autres avaient réagi de façon plus acceptable. À ceux qui s'obstinaient, j'ai donné le choix : « Vous pouvez lever la main gauche ou la droite. » Certains ont choisi la droite, d'autres la gauche ; un autre a levé les deux mains. Quand quelqu'un s'oubliait, je le ramenais à l'ordre à l'aide d'un simple mot : « La main ! »

Je me félicitais d'avoir presque complètement réglé le problème. Toutefois, mes stratégies n'avaient aucune prise sur André. Les mots lui sortaient de la bouche avant même qu'il se souvienne de lever la main. Aucune de mes paroles ne semblait l'influencer. Tout à coup, il m'est venu une inspiration. Je me suis arrêtée dans l'escalier, j'ai sorti mon bloc-notes et j'ai écrit :

Cher André,
Pour montrer
qu'une réponse te vient,
inutile de crier ;
lève la main.
Merci d'avance,
L. Landry

Au beau milieu de la leçon de sciences sociales, j'ai demandé à la classe quelles étaient les causes de la guerre de l'indépendance américaine. Des mains se sont levées partout dans la classe et une voix a lancé : « L'imposition de taxes sans représentation ! » C'était André, bien sûr. Je me suis rendue à son pupitre, lui ai gentiment souri, puis je lui ai tendu ma petite note pliée. Il l'a dépliée et m'a rendu mon sourire. Pendant le reste de la leçon, il a levé la main !

Le lendemain matin, il m'a remis un poème. Après l'avoir lu, je lui ai demandé de l'écrire au tableau à titre d'aide-mémoire général pour toute la classe. En grosses lettres, André a écrit :

Quand tu veux parler
Rien ne sert de crier.
Si tu lèves la main,
On la verra bien.

Plus jamais je n'ai eu besoin d'insister qu'on lève la main avant de répondre. Je n'avais qu'à montrer du doigt le poème d'André.

Aide-mémoire

POUR SUSCITER LA COOPÉRATION DE L'ENFANT,
À LA MAISON ET À L'ÉCOLE

L'adulte :   *«Qui est responsable de ce gâchis par terre ?»*

AU LIEU DE CRITIQUER ET DE POSER DES QUESTIONS,
VOUS POUVEZ :

1. DÉCRIRE LE PROBLÈME.
« Je vois de la peinture par terre. »

2. DONNER DES RENSEIGNEMENTS.
« La peinture s'enlève plus facilement quand elle n'est pas encore sèche. »

3. OFFRIR UN CHOIX DE SOLUTIONS.
« Pour nettoyer, tu peux te servir d'un torchon ou d'une éponge humide. »

4. LE DIRE EN UN MOT OU FAIRE UN GESTE.
« La peinture ! »

5. DÉCRIRE CE QUE VOUS RESSENTEZ.
« Je n'aime pas voir ces éclaboussures de peinture. »

6. ÉCRIRE UNE NOTE.
ATTENTION, TOUS LES ARTISTES !
Soyez gentils : redonnez au parquet sa couleur naturelle avant de quitter la pièce.
Merci
La Direction

7. PRENDRE UN TON ENJOUÉ.
(une autre voix ou un accent différent, à chantonner dans le style country western) :
J'vois d'la peinture, répandue par terre
J'peux pas m'empêcher d'être en colère.
Sortez les vadrouilles et faites une corvée :
Il faut vite tout nettoyer.

Questions et récits provenant de parents et d'enseignants

1. La façon de dire les choses n'est-elle pas aussi importante que les paroles prononcées ?

Le ton de votre voix est tout aussi important que vos paroles. La réponse la plus intelligente peut devenir néfaste quand on la donne en poussant un soupir de dégoût qui implique : « Tu as recommencé… Tu n'apprendras jamais. » Les paroles de respect doivent s'accompagner d'une attitude de respect – une attitude qui indique : « J'ai confiance en tes capacités et en ton jugement. Une fois que je t'aurai fait part du problème, tu sauras comment le résoudre. »

2. L'autre jour, ma fille est accourue en pleurant parce qu'un de ses frères avait déchiré quelques pages de son nouveau cahier. J'ai demandé aux deux garçons qui avait fait le coup et ils ont tous deux nié l'avoir fait. Comment les amener à dire la vérité ?

La question : « Qui a fait cela ? » déclenche une alarme automatique chez les enfants. Ils sont pris à choisir entre deux possibilités désagréables. S'ils mentent et s'en sortent, ils vont ressentir un soulagement temporaire mais de la culpabilité à long terme. S'ils disent la vérité, ils peuvent s'attendre à se faire gronder ou punir. Pire encore, leur confession peut entraîner une question encore plus menaçante : « Pourquoi as-tu fait cela ? » Peu importe ce que répond l'enfant pour justifier sa conduite, il pense que la vraie raison qui explique son crime se trouve dans la litanie de ses propres torts : « Parce que je suis stupide, méchant, centré sur moi-même, que je manque d'égards pour les autres, que je suis irréfléchi. »

Au lieu de demander aux enfants qui a fait cela ou pourquoi il l'a fait, décrivez le problème : « Suzanne est très contrariée. On a déchiré des pages de son cahier. » Ajoutez une information : « Si un membre de la famille manque de papier, qu'il m'en parle et je l'aiderai à en trouver. »

3. Chaque fois que je demande quelque chose à ma fille, j'essaie de le faire poliment : « S'il te plaît, dépêche-toi ou tu seras en retard pour l'école », ou encore : « S'il te plaît, éteins la télé et commence tes devoirs tout de suite ». Mais elle n'en tient aucun compte. Que me conseillez-vous ?

Les adultes utilisent l'expression s'il te plaît pour adoucir l'impact d'un ordre direct. Les enfants font la sourde oreille au s'il te plaît et se rebellent devant le commandement. Ce qui, en retour, rend furieux la plupart des parents. Pire encore, bien des enfants utilisent la formule s'il te plaît pour exprimer leurs propres exigences : « Maman, il faut que tu me conduises au centre commercial maintenant, s'il te plaît. J'ai dit s'il te plaît, n'est-ce pas ? » Comme il existe beaucoup d'autres moyens de susciter la coopération (voir l'aide-mémoire des pages précédentes), nous suggérons de garder le s'il te plaît pour les situations où l'on est moins impliqué affectivement, celles où l'on veut simplement donner aux enfants l'exemple d'une formule de politesse courante : « Passe-moi le pain, s'il te plaît. »

4. À quel âge suggérez-vous aux parents de commencer à écrire des notes à leurs enfants ?

C'est assez surprenant, mais les mots écrits peuvent s'avérer très efficaces auprès d'enfants trop jeunes pour savoir lire. Une mère nous a raconté que sa fille prenait une éternité à se préparer le matin, avant son départ pour la maternelle.

Un après-midi, la mère s'est assise avec la fillette et elles ont dressé la liste de tout ce qu'il fallait faire avant de partir. À côté de chaque tâche (se brosser les dents, se peigner, prendre son petit déjeuner, etc.), la mère a ajouté un petit dessin. Depuis ce jour, la fillette consulte sa liste chaque matin pour être prête à l'heure. Un jour, elle a même fièrement caché les dessins de sa main et a lu toute la liste à son père.

5. Mon fils faisait toute une histoire à propos d'un discours débile qu'il refusait de préparer au risque de recevoir une mauvaise note. J'ai exigé qu'il le fasse et je lui ai donné le choix : il pouvait s'exercer devant son miroir ou devant moi. Il a refusé les deux options. Des suggestions ?

Quand un jeune ressent un fort sentiment négatif à l'égard d'une tâche à accomplir, il peut avoir l'impression que le choix offert n'est en fait qu'une façon de lui tendre un piège ou de le manipuler. Avant même de commencer à considérer les options présentées, il a besoin de savoir que vous comprenez sa résistance. Par exemple : «La seule idée de faire face à un auditoire et de livrer un discours peut être vraiment effrayante. Même les professionnels se sentent nerveux ! Selon toi, qu'est-ce qui t'aiderait à te sentir plus détendu, plus confiant ? T'exercer à prononcer ton discours devant un miroir ? Essayer devant la famille ? »

Les possibilités que vous offrez peuvent même donner des idées à votre fils et lui suggérer une troisième option : «Je pourrais peut-être enregistrer mon discours au magnétophone et l'écouter jusqu'à ce que je le sache par cœur. »

En prenant son parti et en reconnaissant la difficulté de sa tâche, vous le disposez à écouter vos suggestions et à les examiner.

Le premier exemple démontre comment un père a utilisé ses nouvelles habiletés pour aider son fils adolescent à coopérer davantage avec un élève étranger habitant avec eux pour une année dans le cadre d'un programme d'échange.

Mon fils, Jacques, faisait ses devoirs en écoutant son poste favori de radio rock. Je m'apercevais qu'André, un jeune Français qui participait à un échange d'élèves, avait de la difficulté à se concentrer sur ses devoirs, mais qu'il était trop poli pour en parler. Il se contentait de regarder sans arrêt dans la direction de l'appareil radio. J'étais outré de l'insensibilité de mon fils. J'étais sur le point de lui demander comment il pouvait s'attendre à ce qu'André travaille dans tout ce bruit, mais je me suis dit qu'il valait peut-être mieux de lui donner un simple renseignement. J'ai donc dit : « Jacques, certaines personnes peuvent faire leurs devoirs quand la musique est forte. D'autres ont besoin de calme pour réfléchir. » Jacques a levé les yeux. Il a baissé légèrement le volume du poste, après quoi il a demandé à André : « Ça va comme ça ? »

Une demi-heure plus tard, j'ai entendu le volume qui augmentait peu à peu. J'ai passé la tête dans l'embrasure de la porte de chambre des garçons en hurlant : « La musique ! » Jacques a répondu : « Oh ! Désolé ! » et il a éteint l'appareil. André a ajouté : « Merci. »

L'histoire suivante nous vient d'une mère qui dit s'appuyer sur le jeu pour obtenir la coopération de sa fille de 3 ans.

Michelle s'approchait de la pataugeoire en tenant à la main un livre emprunté à la bibliothèque. J'étais trop éloignée pour l'arrêter ; j'ai donc crié : « Oh ! Non ! Halte là, livre ! Livre, tu ne peux pas aller dans la pataugeoire. Un livre, ça ne sait pas nager !» Michelle s'est arrêtée net, elle a regardé le livre qu'elle tenait et elle l'a vite rapporté à la maison. Une seconde plus tard, elle était dans la pataugeoire.

Les deux prochains récits démontrent le pouvoir de l'écriture.

Antoine, mon fils de 10 ans, m'a suppliée de lui prêter ma meilleure casserole pour la foire de la cuisine internationale de son école. Après la foire, il a oublié de la rapporter. Pendant une semaine, je lui ai rappelé chaque jour de me la rapporter ; sans succès. Finalement, j'ai pris un stylo-feutre et j'ai écrit CASSEROLE !!! sur une banane que j'ai ensuite glissée dans le sac contenant son goûter. Plus tard, cet après-midi-là, il m'a raconté que tous les enfants avaient ri quand il avait sorti sa banane. Mais il a une fois de plus oublié de rapporter l'objet emprunté.

J'ai dit : «Antoine, il va falloir employer les grands moyens. Il faut que tu écrives toi-même ta propre note pour que la chose se fasse.» Il s'est aussitôt assis et il a écrit ce qui suit :

Cher Antoine,
N'oublie pas de rapporter demain
cette ordure de cazerolle stupide
collante et puante – sinon !!!

Je n'ai pas corrigé son orthographe. Il a transcrit la note sur son cartable. Le lendemain après-midi, ma casserole était de retour.

Mon chien était à la fenêtre et il jappait. J'ai regardé dehors et j'ai vu mes enfants en train de se chamailler avec les enfants des voisins à l'arrêt d'autobus. Ils criaient, se poussaient et se donnaient des coups de pieds. J'étais encore en robe de chambre; alors j'ai vite écrit : « CESSEZ DE VOUS BATTRE ! ! » sur une grande feuille de papier que j'ai suspendue au collier du chien à l'aide d'un bout de ficelle. Puis je l'ai fait sortir, espérant qu'il se dirigerait vers les enfants. C'est ce qu'il a fait, en jappant furieusement. Quand les enfants ont vu le chien et lu la note, ils ont eu l'air médusés. Ils ont jeté un coup d'œil aux alentours, totalement stupéfaits. Et ils ont cessé de se chamailler.

QUESTIONS D'ENSEIGNANTS

1. Que se passe-t-il si je décris le problème et que mes élèves ne réagissent pas ? L'autre jour, j'ai dit à un élève de six ans : « Jérémie, ton pied est dans l'allée. » En levant les yeux, il m'a répondu : « Oh ! » et n'a pas bougé. Je ne savais plus quoi faire ensuite.

Vous pouvez toujours répéter la même phrase. Si ça n'entraîne aucun résultat, passez à l'étape suivante : offrez un renseignement : « Ton pied pourrait faire trébucher quelqu'un. » Dans certains cas, il est nécessaire de leur dire la même chose plusieurs fois ou de plus d'une façon.

2. Je me demande si l'idée de fournir des renseignements est efficace auprès des adolescents. Nous faisions des collages pendant mon cours d'art et j'ai dit à une fille : « Sheila, la colle sèche quand elle n'est pas recouverte. » Elle a roulé les yeux et a répondu : « Sans blague ! » Pourquoi a-t-elle réagi ainsi ?

Il convient d'adapter le renseignement à l'âge de l'enfant. Si vous dites à une adolescente une chose qu'elle sait déjà, elle le perçoit comme une insulte à son intelligence. Tout ce dont Sheila a besoin, c'est du rappel le plus bref et le plus amical qu'on puisse donner : « Sheila, la colle. »

3. Quelle différence y a-t-il entre utiliser un bref rappel et donner un ordre ? Si je dis : « Assieds-toi », n'est-ce pas la même chose qu'un ordre ?

Si vous utilisez un verbe comme rappel (« Arrête ! Lève-toi ! Bouge ! Assieds-toi ! »), ça ressemble assurément à un ordre. Le rappel à l'aide d'un mot ou d'une brève expression est plus efficace s'il se compose plutôt d'un nom. « Lori, ta chaise ! » amène Lori à penser : « Qu'est-ce qu'elle a, ma chaise ? Oh ! C'est là où je suis censée être assise. Je ferais mieux de m'asseoir. » Vous ne dites pas à Lori ce qu'elle doit faire. Vous dirigez son attention vers le problème afin qu'elle puisse se dire à elle-même ce qu'elle doit faire.

4. Je croyais qu'un choix était censé susciter la coopération. Dans ma classe, deux filles parlaient continuellement. Je leur ai dit : « Vous avez le choix : vous arrêtez de bavarder ou bien je vous change de place. » Elles n'ont pas cessé leur bavardage. Quand je les ai finalement changées de place, elles se sont plaintes amèrement en disant que j'étais injuste. Où est l'erreur ?

Votre choix ressemblait beaucoup trop à une menace. Aussitôt qu'on dit : « Ou bien vous faites ceci pour moi, ou bien je vous ferai cela », l'enfant se sent pris au piège et devient hostile.

Avant de donner le choix entre deux possibilités peu attrayantes, c'est une bonne idée de reconnaître les sentiments des élèves. Vous pourriez dire, par exemple : « C'est difficile d'être assise à côté d'une bonne amie sans lui parler. Vous avez tellement de choses à vous dire. »

Ensuite, quand vous leur donnez le choix, assurez-vous qu'il comporte des éléments susceptibles de montrer aux élèves que vous êtes de leur côté. « Dites-moi, les filles, qu'est-ce qui serait le plus facile pour vous ? Vous asseoir l'une à côté de l'autre en vous retenant de parler ? Ou changer de place afin de ne pas être tentées de le faire ? Discutez-en après le cours et vous me direz demain ce que vous avez décidé.»

5. Je crois que je serais à l'aise d'exprimer mes sentiments véritables à la plupart de mes élèves. Et ils réagiraient probablement de façon appropriée. Mais j'ai dans ma classe quelques durs à cuire. Supposons que je dise : « Ça me contrarie de voir des livres par terre » et que l'un d'eux s'écrie : « Je m'en fiche ! » Que faire alors ?

Ce qui pourrait peut-être vous être utile serait de songer que les paroles de l'élève ne s'adressent pas nécessairement à vous personnellement. Il y a fort à parier qu'il vous utilise comme cible pour déplacer son hostilité, c'est à dire qu'il répète simplement à l'école ce qu'il entend à la maison. Vous pourriez dire à ce dur à cuire : « Moi, j'attache de l'importance à mes propres sentiments. J'attache aussi de l'importance à ce que toi tu ressens. Et j'espère que, dans ma classe, chacun se soucie des sentiments d'autrui.»

RÉCITS D'ENSEIGNANTS

Une enseignante d'élèves de sept et huit ans raconte comment elle a été utile à l'un de ses élèves en lui donnant un renseignement plutôt qu'une réprimande.

Tout agité, Maxime est rentré avant la fin de la récréation.
«Max, tu as l'air contrarié.
- Qu'est ce que ça veut dire, dé-po-yable ?
- Déloyal ?
- Oui !»

Et en me tendant un billet de la surveillante, il a ajouté : «Elle a crié après moi parce que j'étais dépoyable.»

J'ai déplié le billet et j'ai lu à haute voix : *J'ai attrapé ce garçon en train de cracher par terre au terrain de jeu. Je lui retire son privilège de récréation pour la journée parce que son comportement est déplorable.* « Vous voyez ? Elle a dit que c'était déployable. Qu'est-ce que ça veut dire ?

- Elle veut que tu saches que ton geste n'est pas approprié, qu'il n'est pas acceptable. Ça veut dire que ce n'est pas correct de cracher par terre au terrain de jeu. »

Max avait l'air confus.

« Max, on répand des microbes quand on crache.

- Oh ! a-t-il dit. »

C'était tout. Il n'a pas recommencé.

Le directeur d'une école privée nous a raconté ce qui s'est passé quand il a accueilli les sentiments d'un élève rebelle, tout en lui donnant le choix entre deux solutions.

En tant que directeur, je suis souvent appelé à me montrer sévère. Hier, une de mes enseignantes m'a fait parvenir un message me demandant de bien vouloir venir faire quelque chose à propos de Rémi qui refusait de rentrer après la récréation. Je me suis demandé ce que je pourrais bien faire, sauf le porter dans mes bras jusqu'à sa classe. En sortant, j'ai aperçu Rémi, accroupi devant une surveillante au visage cramoisi, qui lui criait : « Je t'avais prévenu que j'allais faire venir le directeur ! »

J'ai pris une profonde respiration, puis j'ai dit : « Bonjour, Rémi. J'ai l'impression que tu as de la difficulté à quitter le terrain de jeu. Pas étonnant. C'est une si belle journée de printemps. »

Rémi n'a rien dit et a continué à fixer le sol.

« Tu souhaiterais probablement rester dehors toute la matinée. Eh bien, fiston, c'est le temps de retourner en classe, maintenant. Qu'en dis-tu ? Devrions-nous entrer par cette porte-ci ou par celle-là ? »

Il a désigné la porte la plus éloignée, en disant : « Celle-là. »

Je lui ai tendu la main. Il l'a prise et nous sommes rentrés ensemble. J'ignore lequel de nous deux était le plus surpris – la surveillante ou moi.

Une enseignante nous a raconté comment elle s'y est prise pour se brancher sur l'esprit enjoué de ses élèves adolescents afin de leur enseigner une matière qui aurait pu être monotone.

Les élèves de mon cours de langue trouvaient ennuyeuse ma leçon sur les verbes copulatifs. À vrai dire, j'étais du même avis. En rentrant chez moi, je savais qu'il me faudrait trouver un moyen pour animer un peu les choses, sans quoi je devrais passer une autre journée à leur rappeler d'être attentifs et de cesser de parler. J'ai jonglé avec l'idée de composer une chanson rap, mais je ne suis parvenue à écrire que les deux premières lignes.

Le lendemain matin, j'ai raconté aux élèves ce que j'avais fait et je leur ai récité mon entrée en matière. Ils sont devenus tout excités. Nous avons passé le reste de la leçon à travailler au texte. Quand la cloche a sonné, nous avions terminé la chanson. Ils ont quitté la classe en la chantant. Ils l'ont montrée à leurs amis. Ils l'ont chantée le lendemain, dans l'autobus, en revenant à l'école. Et chose étonnante, ils ont tous très bien réussi leur examen.

Voici le rap des verbes copulatifs, écrit par les élèves de la section 72 de l'école secondaire Welsh-Roanoke en Louisiane.

Hé ! J'ai un p'tit que'que chose à vous enseigner.
C'est le rap des verbes copulatifs et c'est facile à mémoriser !
Ces verbes établissent une liaison entre un sujet et un attribut.
Si on a bien construit la phrase, on peut la retourner, c'est ça le but.
La partie prédicative peut contenir un adjectif.

Sachez ce que vous faites et montrez votre esprit vif !
Si vous regardez bien, vous verrez peut-être
que la plupart des verbes d'état sont des formes du verbe « être » :
suis, es, sommes, a été, ont été : voilà le présent et le passé.
Ajoutez aussi : « sembler, paraître, devenir et rester »
et vous saurez que c'est terminé !

Le prochain récit provient de l'enseignante titulaire d'une classe d'élèves de onze à douze ans. Elle nous raconte comment elle a utilisé l'écriture pour éviter qu'une élève demeure la cible des moqueries de ses camarades.

Le jour où Sara est arrivée dans ma classe, j'ai su qu'un problème s'annonçait. Son visage triste, en forme de lune, et son embonpoint étaient remarquables. Dès que la nouvelle élève eut franchi le pas de la porte, Marcelle, la meneuse du groupe le plus populaire, a esquissé un petit sourire narquois et a roulé les yeux à l'intention des membres de ses fidèles admirateurs. Ils se sont tous mis à glousser et le visage de Sara est passé au rouge flamboyant.

Ce n'était qu'un début. Plus tard, au cours de la semaine, j'ai reçu un rapport du prof de gym : Marcelle refusait Sara dans son équipe parce qu'elle était trop grosse. D'après les employées de la cafétéria, Marcelle aurait crié : « Voici venir la poubelle humaine ! » quand Sara est passée près d'elle avec son plateau. L'enseignante d'économie familiale m'a rapporté que quelqu'un avait traité Sara de gros tas.

J'étais outrée. Je savais que non seulement Marcelle était l'instigatrice de tout cela, mais qu'elle pousserait ses acolytes à continuer. J'ai songé à lui parler directement, mais je me méfiais ; j'avais peur de dire des choses que je pourrais regretter. Finalement, j'ai décidé de lui écrire.

Il m'a fallu plusieurs ébauches avant de trouver le ton désiré. (Dans mes premières versions, je ne cessais de répéter que sa cruauté me mettait en colère et me dégoûtait.) Voici le texte que j'ai finalement tapé à la machine avant de le lui remettre.

Chère Marcelle,

J'ai besoin de ton aide. Comme tu as dû le remarquer, Sara s'est fait rabaisser et ridiculiser tous les jours depuis son arrivée dans la classe. L'école doit être vraiment pénible pour elle. Tu te demandes peut-être pourquoi j'ai choisi de t'écrire. C'est parce que j'ai remarqué tes qualités de leader ainsi que le respect que te témoignent tes amies. Je suppose que les taquineries et les blagues blessantes cesseraient si tu pouvais leur faire clairement comprendre que le poids d'une personne n'a rien à voir avec sa valeur.

Je sais que cette lettre exige un grand effort de ta part, mais j'ai confiance que tu sauras trouver un moyen de rendre la situation de Sara plus agréable pour elle à l'école.

Sincèrement,

G.

Marcelle n'a jamais mentionné la lettre. Toutefois, au cours des jours suivants, les remarques narquoises et sarcastiques ont peu à peu cessé. Une des filles a demandé à Sara si elle voulait l'aider à construire les décors pour la pièce de théâtre, et Marcelle l'a invitée à faire partie de son équipe de volley-ball. Sara en était ravie. Moi aussi.

3

Pour éviter les pièges de la punition : des avenues qui mènent à l'autodiscipline

MARC EST RENTRÉ DE LA RÉCRÉATION EN FAISANT BEAUCOUP de bruit. Il hurlait et brandissait le poing. Une fois de plus, un match de foot un peu serré avait déclenché sa colère. Il s'est approché de son enseignante, un flot d'accusations à la bouche.

Marc :   Jason est un tricheur ! Ils ont dit que c'était ma faute, mais c'est faux ! C'était la faute de Jason ! C'est lui qui a envoyé le ballon à l'extérieur… c'est pas moi ! M. Cormier m'a empêché de jouer pour me punir parce que je m'étais battu, mais c'est pas moi qui avais commencé. C'est Jason ! Maintenant, Robert ne voudra pas me laisser jouer dans son équipe ! Je déteste cette école !

Enseignante : Assez ! J'en ai par-dessus la tête de tes histoires, Marc ! Tu te demandes pourquoi personne ne veut jouer avec toi, alors que tu arrives en pleurnichant comme un bébé. Les autres ne veulent pas jouer avec quelqu'un qui leur met ses problèmes sur le dos !

Marc :   Mais…

Enseignante : Pas de mais ! Je ne veux rien entendre. J'en ai assez de tes excuses.

Marc :   Mais je n'ai pas…

Enseignante : Je ne veux plus entendre un seul mot sortir de ta bouche. À la prochaine récréation, tu iras t'asseoir avec les enfants de la maternelle et tu réfléchiras à la conduite qui convient à ton âge.

L'enseignante, c'était moi.

Je n'avais pas fini de parler que déjà, je regrettais mes paroles. Je savais que j'aurais dû être plus patiente. Mais j'avais maintes fois parlé à Marc de sa conduite immature, sans que mes petits discours produisent le moindre effet.

Le reste de la journée, je n'ai pu m'empêcher de songer à Marc. Qu'avais-je espéré accomplir en le grondant ? Ma punition avait-elle réduit son agitation ? Non. Avait-elle ouvert une voie de communication entre lui et moi ? Non, évidemment. Cela l'avait-il aidé à résoudre son problème ? Pas davantage. Ce n'était pas en s'asseyant dans une classe pleine d'enfants de la maternelle que Marc apprendrait à se comporter comme un enfant de son âge. Pourquoi alors avais-je été amenée à le punir ?

C'est la question que j'ai posée à Jeanne dans le couloir alors que nous nous rendions à une réunion du personnel. Pendant qu'elle réfléchissait à ma question, j'ai trouvé ma réponse : j'étais fâchée, frustrée, et je ne connaissais pas d'autres moyens de l'atteindre.

« Il y a autre chose, a ajouté Jeanne. La punition nous est familière. Je ne sais si c'est ton cas, mais moi, durant toute ma jeunesse, on m'a répété : 'Si tu recommences, tu seras punie' ou encore 'Tu ne reçois que ce que tu mérites.'

- Et que dis-tu de : 'C'est pour ton bien' ai-je ajouté.

- Ça aussi, a répondu Jeanne en souriant d'un air piteux. C'est ainsi que les adultes faisaient la leçon aux enfants.

- C'est juste. Mais je me souviens encore comment je me sentais quand, petite fille, j'entendais ces mots. Je t'assure que je n'ai pas appris la moindre leçon. Je ne songeais pas à mieux me conduire à l'avenir. Je me rappelle seulement ma colère et mes fantasmes de vengeance : « Je vais leur régler leur compte. Je vais leur rendre la pareille. Je vais recommencer. Mais la prochaine fois, ils ne m'attraperont pas. » Maintenant, c'est moi l'adulte qui essaie de faire la leçon à Marc et il a probablement les mêmes réactions que j'avais autrefois.

- S'il est vrai, a poursuivi Jeanne, que la punition entraîne chez les enfants des sentiments d'hostilité et de vengeance, pourquoi nous, parents et enseignants, continuons-nous à punir ? »

Michel nous a rattrapées.

« Je vous ai entendues, a-t-il dit avec entrain en nous ouvrant la porte de la bibliothèque où devait se tenir la réunion. C'est parce que de notre côté, nous sommes seuls et que du leur ils sont une trentaine ; sans la punition, ils nous battraient à plate couture !

- Voyons, Michel, sois sérieux, ai-je répliqué.

- Mais je suis sérieux. Quel autre moyen avons-nous de faire respecter les règlements ? Il faut parfois punir les enfants pour leur donner une leçon. »

Nous étions de retour à la case départ !

« Mais, Michel, ai-je tenté d'expliquer pendant que nous nous dirigions vers la table du coin, si la punition donne une leçon, qu'apprennent au juste les élèves ? Quand l'enfant reçoit verbalement une punition — par exemple : « Tu m'écriras cent fois : Je ne dois pas tricher » — il se dit probablement : « Je suis nul ! Je mérite d'être puni. »

- Et quand un enfant reçoit un châtiment corporel, a surenchéri Jeanne — « Quelques bons coups de férule de la part du directeur t'enseigneront à ne plus te battre ! » — il retient : « Vous avez le droit de me frapper, mais moi je n'ai pas le droit de frapper les autres jusqu'au jour où j'aurai le pouvoir à mon tour. » Michel nous a regardées avec calme.

- Je laisse beaucoup de liberté à mes élèves et, comme vous le savez, je n'ai rien contre le plaisir. Mais il y a des limites. Si j'entends des blasphèmes ou de l'impertinence, ou que je vois des élèves déranger les autres, je punis les coupables.» Puis, sans rien ajouter, il a tendu le bras derrière notre table, vers une tablette remplie de livres professionnels, et il en a pris quelques-uns.

«Écoutez ceci, a-t-il ajouté en les feuilletant rapidement. Voici ce qu'en disent quelques éducateurs actuels, et non des moindres, qui partagent ma philosophie.»

Souvent, la punition... est rapidement efficace dans le traitement des comportements nuisibles. [1]

Pour remplacer des méthodes qui ont été essayées sans succès... la punition... peut s'avérer préférable à d'autres solutions. [2]

S'abstenir de punir, c'est se priver d'un traitement potentiellement efficace.[3]

«Voilà, a conclu Michel en faisant glisser les livres sur la table. Voyez vous-mêmes. Ils sont tous récents.

- Je me fiche de la date de leur parution, a grogné Jeanne. Cette façon de penser est archaïque. De plus, tu as cité ces personnes hors contexte. D'ailleurs, il existe une autre école de pensée, dont tu n'es peut-être pas au courant qui préconise tout à fait autre chose. Puis, elle a retiré quatre livres des étagères et s'est mise à en tourner furieusement les pages.

---

1. Johny L. Matson et Thomas M. DiLorenzo, *Punishment and Its Alternatives: A New Perspective for Behavior Modification* (New York: Springer Publishing Co., 1984), p. 10.
2. David A. Sabatino, Ann C. Sabatino et Lester Mann, *Discipline and Behavioral Management: A Handbook of Tactics, Strategies, and Programs* (Rockville, Md.: Aspen Systems Coirp., 1983), p. 12
3. John O. Cooper, Timothy E Heron et William L. Heward, *Applied Behavior Analysis* (Columbus, Ohio,: Merrill Publishing Co., 1987), p. 412.

- Jeanne, ai-je fait remarquer, tu devrais peut-être attendre la fin de la rencontre.

- Je ne pense pas, a conclu Michel, les gens continuent d'arriver. De plus, je veux savoir ce que disent ces ouvrages.

- Allons-y, a poursuivi Jeanne. Voici les réflexions de certains experts qui croient que la punition n'est pas une forme efficace de discipline. Haim G. Ginott dit :

La punition ne décourage pas l'inconduite. Elle ne fait que rendre le coupable plus prudent dans l'accomplissement de ses crimes, plus adroit à dissimuler ses traces, plus habile à éviter qu'on le détecte. Quand un enfant est puni, il prend la résolution de devenir plus prudent, non celle de devenir plus honnête et plus responsable.[4]

Quant à Irwin A. Hyman, voici ce qu'il dit :

L'utilisation du châtiment corporel enseigne aux enfants que la violence est la manière de résoudre les problèmes. Selon des études, c'est la leçon qu'apprennent ceux qui infligent la souffrance, ceux qui la subissent, de même que ceux qui en sont témoins. Cela ne favorise en rien le développement de la maîtrise de soi, qui est nécessaire en démocratie.[5]

Rudolph Dreikurs dit pour sa part que :

De nos jours, il n'est plus possible pour les parents et les enseignants de forcer les enfants à bien se comporter. La réalité exige le recours à de nouvelles méthodes pour

---

4. Haim G. Ginott, *Teacher and Child* (New York : Avon Books, 1970), p. 122.
5. Irwin A. Hyman, *Reading, Writing, and the Hickory Stick* (Lexington, Ky. : Lexington Books, 1990), p. 200.

*influencer les enfants et les motiver à coopérer. Des
punitions comme la fessée, les gifles, l'humiliation, la
privation et, de façon générale, le fait de réduire les enfants
au silence, sont dépassées et ne constituent pas des mesures
disciplinaires efficaces.* [6]

Albert Bandura ajoute :

*La punition peut réprimer la mauvaise conduite, mais par
sa nature, elle n'enseigne pas le comportement désirable et
ne réduit même pas le désir de mal se conduire.* [7]

Michel a haussé les épaules et s'est lancé dans une longue
argumentation contradictoire. Mais je ne l'écoutais pas
attentivement ; je ne cessais de penser aux derniers mots que
Jeanne avait lus : « Réduire le désir de mal se conduire. »

Voilà exactement ce que je voulais être capable d'accomplir.
Je voulais savoir comment toucher mes élèves au plus profond
d'eux-mêmes, pour changer ce désir de se comporter mal en
désir de se comporter correctement. Je voulais éviter les terribles
retombées de la punition et encourager les enfants à prendre des
initiatives individuelles et à cultiver la discipline personnelle. Je
voulais trouver des façons efficaces de remplacer la punition.

Pendant que le conseiller d'orientation nous distribuait de
nouveaux formulaires à remplir, j'ai murmuré à l'adresse de
Jeanne :

« Au lieu de menacer Marc de l'envoyer à la maternelle,
j'aurais peut-être dû accueillir sa colère et, quand il aurait
retrouvé son calme, j'aurais pu l'aider à trouver d'autres moyens

---

6. Rudolf Dreikurs, Bernice Bronia Grunwald et Floy C. Pepper, *Maintaining
Sanity in the Classroom* (New York, Harper et Row, 1971, p. 117).
7. Albert Bandura, *Human Agency in Social Cognitive Theory*, American Psycholo-
gist, 44 (1989), pp. 11, 75-84.

de réagir quand il se sent traité injustement. Il ne méritait pas d'être puni.

– Mais que faire de ceux qui méritent une punition ? a répliqué Michel en se penchant vers nous.»

Il venait de marquer un point. Ma pensée s'est alors tournée vers Amélie, la fille qui tenait le rôle principal dans la pièce de théâtre que je montais à l'intention des parents. Je devais reconnaître qu'elle était un bel exemple du type d'enfant que j'avais une folle envie de punir.

Après la réunion, dans le parc de stationnement, j'ai raconté à Jeanne qu'Amélie me rendait furieuse, que je lui avais confié le rôle parce qu'elle avait été remarquable lors de l'audition, mais qu'elle était insupportable durant les répétitions. «Elle fait tout son possible pour attirer l'attention : elle ricane, se pomponne, perd son temps. Pour ce qui est d'apprendre son rôle, il ne faut pas y compter. C'est bon pour le bas peuple. La Princesse Amélie trouve ennuyeux d'apporter son texte. Je pense qu'elle se croit capable d'apprendre son rôle en entier à la toute dernière minute. Elle en est peut-être capable, mais je ne cesse d'imaginer un horrible spectacle : je vois, dans la salle, les parents et, au centre de la scène, Amélie, l'air perdu, les yeux vitreux, alors que moi, dans les coulisses, je lui souffle son texte en chuchotant très fort.

– Que voudrais-tu lui faire ? a demandé Jeanne. Décris-moi ton fantasme de la pire des punitions.

– Je ne peux pas. C'est trop méchant.

– Fais-toi plaisir.

Je voudrais lancer Mme Duguay contre elle, comme on lâche son chien.

– Qui est Mme Duguay ?

– L'enseignante que j'avais à douze ans. L'exemple parfait de la dure à cuire : jamais elle ne laissait qui que ce soit s'en tirer à bon compte.

– Bon, alors, quelle punition Mme Duguay infligerait-elle à Amélie ? Vas-y, Lise, libère-toi. Ensuite, nous agirons de façon très professionnelle en essayant de trouver des solutions de rechange acceptables.»

Aux pages suivantes, sous forme de bandes dessinées, on trouve ma punition imaginaire ainsi que toutes les possibilités auxquelles nous avons songé pour la remplacer.

Ma punition imaginaire

Pour remplacer la punition

Indiquez une façon de se rendre utile

Amélie, tu pourrais te rendre utile en étudiant tes répliques quand tu n'es pas sur la scène.

Exprimez vos attentes

Quand tu dis que tu vas apprendre ton texte, je m'attends à ce que tu tiennes parole.

Exprimez fortement votre désaccord.

Je ne suis pas contente ! Ce n'est pas juste pour les autres acteurs quand une personne n'est pas prête.

Montrez une façon de s'ammender

Voici ce que tu peux faire pour te remettre en piste. Pour la prochaine répétition, assure-toi de savoir par cœur le premier acte.

Et si Amélie ne coopère toujours pas ?

Laissez-lui le choix

Supposons maintenant qu'Amélie ne fasse toujours aucun effort pour apprendre son texte.

Laissez-la subir les conséquences de sa conduite

Que s'est-il passé en réalité ? Je n'ai pas eu à me rendre jusqu'à l'étape finale et draconienne. Le simple fait de savoir que j'avais autant de moyens à ma disposition m'a permis d'adopter une tout autre attitude à la répétition suivante. Je n'adresserais aucun reproche ou avertissement, ne ferais aucune menace terrifiante. J'ai pris Amélie à part, je lui ai dit comment je me sentais et je lui ai indiqué comment elle pouvait revenir sur la bonne voie. Elle m'a écoutée avec calme. À la répétition suivante, j'ai noté un changement dans sa conduite. À la fin de la semaine, elle savait son rôle au complet.

Le lundi suivant, en cassant la croûte, j'ai raconté mon petit triomphe à Jeanne, Michel et Maria. Michel m'a aussitôt mise au défi.

« Qu'aurais-tu fait si elle n'avait pas appris son rôle ? Si tu avais dû lui faire subir les conséquences de son comportement et lui retirer son rôle ? En quoi aurait-ce été différent de la punition ? »

Ses questions m'ont décontenancée. Comment trouver les mots pour lui expliquer clairement ce que moi-même je ne faisais que commencer à comprendre ?

« La différence réside dans mon intention, lui ai-je répondu lentement. Mon intention n'était pas de la blesser, de la priver ou de me venger. Je ne cherchais même pas à lui faire la leçon. Je voulais protéger les comédiens, m'assurer qu'après avoir travaillé si fort, ils avaient une chance raisonnable d'être fiers du résultat. Je voulais aussi me protéger contre tout stress inutile.

- La fille aurait tout de même été en colère contre toi, a répliqué Maria en fronçant les sourcils.

- C'est possible, dit Jeanne en venant à ma rescousse, mais il y a des chances pour qu'elle s'en soit voulu à elle-même. Après le choc initial, elle aurait pu se dire : « Je suis très déçue… Je désirais vraiment ce rôle… Si seulement j'avais appris mes répliques au lieu de perdre mon temps… La prochaine fois que je jouerai dans une pièce, je serai plus sérieuse et je travaillerai davantage.» En d'autres mots, on peut espérer qu'après avoir fait son devoir émotionnel, Amélie en sortirait grandie.

- Peut-être avez-vous raison, a ajouté Maria en soupirant, mais je me demande… Ces temps-ci, j'ai des difficultés avec Marco, et je me sens tiraillée. Mon mari croit qu'on doit punir les enfants quand ils se conduisent mal. Mais je n'aime pas punir, même si mes parents nous punissaient dans notre enfance.

- Vraiment ? Marco ? C'est lui qui te cause des ennuis ? a demandé Michel, incrédule. Ça ne lui ressemble pas. Quel enfant formidable ! Quand il est venu à l'école avec toi, peu avant le début des classes, il m'a aidé à déballer mes livres et à organiser ma salle de classe.

- Je sais que c'est un bon garçon, a répondu Maria. Toutefois, il a fait une bêtise. L'autre jour, dans le couloir, il a sorti sa règle et s'en est fait une épée pour se battre en duel avec Jérémie, un camarade de classe. Mon mari rappelle constamment à Marco d'éviter d'être aussi écervelé, de réfléchir avant d'agir. Mais Marco n'écoute jamais. Résultats : j'ai reçu un appel de l'enseignant et un autre du directeur.

- Pour quelque chose d'aussi anodin ? a demandé Michel.

- C'était plus grave que cela. Marco a cassé les lunettes de Jérémie. Il les a fait tomber et les a accidentellement piétinées. Alors, les parents de Jérémie ont téléphoné à mon mari. Ils étaient vraiment en colère à propos des lunettes. Ils ont dit qu'elles étaient neuves, qu'elles leur avaient coûté très cher et que c'était la faute de Marco parce qu'il avait tout déclenché.

- Eh bien, c'est une autre histoire, a répliqué Michel. Si mon enfant avait fait cela, je l'aurais puni moi aussi… Qu'est-ce que tu en dis, Jeanne ?

- Je pense que le plus important, c'est de se demander ce que Marco se dit à lui-même quand il est puni, et ce qu'il se dirait si ses parents utilisaient autre chose que la punition.» Nous avons longuement discuté du sujet en essayant de prévoir ce qui pourrait se passer dans chacun des scénarios. Les deux prochaines pages sont un résumé des dialogues que nous avons imaginés, selon que les parents de Marco le punissent ou pas.

L'option punition

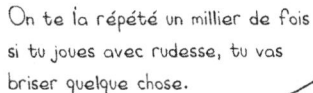

Option non punitive

«Eh bien, a conclu Michel, je dois admettre qu'il y a une légère différence entre les deux façons de faire.

- Une légère différence ! s'est exclamée Jeanne. Dans le premier dialogue, quand Marco est puni, il en conserve des sentiments de colère et d'impuissance.

- Et dans le second dialogue, ai-je enchaîné, Marco est encore mis au courant de la ferme désapprobation de ses parents, mais il apprend aussi leurs attentes quant à la réparation de ses torts. Il en conserve par contre l'impression qu'il est au fond une bonne personne et que, même s'il a fait une bêtise, il peut trouver une façon de la réparer.

- Donc, que vas-tu faire, Maria ? a demandé Michel sur le ton du défi. Notre discussion t'a-t-elle aidée à te faire une idée ?

- Je sais ce que je dirai à mon mari, ce soir, a répondu Maria, avec calme et solennité. Je sais aussi ce que nous allons tous les deux dire à Marco.»

Aide-mémoire

DES OPTIONS POUR REMPLACER LA PUNITION,
À LA MAISON ET À L'ÉCOLE

L'enfant : « *Oh ! Ces# !%*$!#maths !* »
L'adulte : « *Je t'ai répété maintes et maintes fois de ne pas dire des grossièretés. Cette fois, je vais te punir.* »

AU LIEU DE PROFÉRER DES MENACES, VOUS POUVEZ :

1. LUI SUGGÉRER UN COMPORTEMENT PLUS CONVENABLE.
« *J'entends ta frustration. Ce serait plus convenable de t'exprimer sans jurer.* »

2. EXPRIMER VOTRE DÉSAPPROBATION AVEC VIGUEUR.
(sans faire de lien avec le caractère de l'enfant).
« *Je suis choquée d'entendre pareil langage.* »

3. EXPRIMER VOS ATTENTES.
« *Je m'attends à ce que tu trouves une autre façonde me direà quel point tu es fâché.* »

4. LUI MONTRER COMMENT REDRESSER LA SITUATION.
« *Ce que j'aimerais voir, c'est une liste de mots quetu pourrais utiliser pour exprimer ta colère à la place de ceux que tu viens de prononcer. Fouille dans ledictionnaire ou dans le recueil de synonymes si tu as besoin d'aide.* »

5. LUI DONNER LE CHOIX.
« *Tu peux jurer pour toi seul – dans ta tête – ou encore, tu peux utiliser des mots qui n'offensent personne.* »

(Et si l'enfant continue à dire des grossièretés ?)

6. LE LAISSER SUBIR LES CONSÉQUENCES DE SA CONDUITE.
« *Lorsque j'entends ces paroles, je perds tout désir de t'aider à faire des maths ou quoi que ce soit.* »

Questions et récits provenant de parents et d'enseignants

1. Récemment, je suis devenue la belle-mère de deux garçons. Selon mon mari, si les enfants reçoivent une mauvaise note on devrait réduire le montant d'argent de poche qu'on a l'habitude de leur donner. Je pense plutôt qu'il faudrait en augmenter le montant quand ils obtiennent de bons résultats. La récompense n'est-elle pas un moyen plus positif de les encourager à travailler plus fort ?

Aussi étrange que cela puisse paraître, des études démontrent qu'à long terme, les récompenses tout autant que les punitions réduisent le désir d'apprendre[1]. Les enfants apprennent mieux lorsqu'ils ont le goût de maîtriser une matière. En obtenant une bonne note, l'enfant a déjà sa récompense. Tout ce qu'il pourrait désirer de la part de ses parents, c'est de voir qu'ils expriment le plaisir que leur procure son succès. L'enfant qui subit un échec scolaire vit déjà une expérience punitive. Ce dont il a besoin, c'est de parents qui démontrent de l'empathie à l'égard de ses sentiments de découragement, puis qui l'aident à découvrir ce qui a mal été et ce qu'il peut faire à ce propos.

2. Chaque fois que ma fille Joannie a l'air triste quand elle rentre de la maternelle, je sais que l'éducatrice l'a envoyée au coin. Un soir que j'étais fâchée contre mon mari, Joannie a dit : « Papa, je pense que tu ferais mieux

de t'en aller dans le coin.» J'étais surprise parce que je n'utilise pas cette méthode avec elle à la maison. Je commence à me demander si on devrait l'utiliser à l'école. Qu'en pensez-vous ?

Aller dans le coin, prendre un temps mort, voilà des expressions qui semblent à première vue plutôt anodines et innocentes. Après tout, on ne crie pas après l'enfant, on ne le frappe pas. On met fin au comportement et on retire tout simplement l'enfant de la scène. Toutefois, même si quelques experts dans le domaine des soins aux enfants recommandent fortement cette méthode, l'Association nationale pour l'éducation des jeunes enfants inclut le retrait ou le temps mort dans sa liste de mesures disciplinaires nocives, qui comprend déjà la punition corporelle, la critique, le blâme et l'humiliation.

Il est facile de comprendre pourquoi. En tant qu'adulte, vous pouvez facilement imaginer toute la colère, l'humiliation que vous ressentiriez si on vous forçait à vous isoler en raison d'un geste que vous auriez fait ou d'une parole que vous auriez dite. Toutefois, il peut être plus difficile d'imaginer ce qui se passe chez l'enfant qui doit purger sa peine à l'écart. Essayez tout de même. Mettez-vous dans la peau d'un enfant de quatre ou cinq ans. Imaginez que vous êtes tellement fâché contre Jérôme, un camarade de classe (qui vous a poussé, vous a lancé des injures ou vous a arraché quelque chose des mains), que, pour vous venger, vous l'avez frappé à coup de pied ou de poings, que vous l'avez insulté ou lui avez lancé un objet quelconque. Imaginez maintenant que votre éducatrice réagit de deux façons différentes à votre comportement antisocial.

Dans le premier scénario, l'éducatrice vous dit : «Arrête ! Ce n'est pas gentil. Tu dois aller en retrait, tout de suite !

Il est probable qu'en vous dirigeant lentement vers la chaise de retrait, vous vous disiez : «La maîtresse n'est pas juste. Elle n'a pas vu ce que Jérôme m'a fait à moi. Tout est de sa faute à lui.» Ou encore : «C'est peut-être vrai que je suis méchant. Tellement méchant qu'on doit m'éloigner des autres.»

Dans le second scénario, l'éducatrice vous dit : «Tu étais tellement fâché contre Jérôme que tu lui as donné un coup de pied. Les coups de pied ne sont pas permis. Dis à Jérôme ce que tu n'as pas aimé. Dis-le au moyen de mots. Tu sais le faire !»

Il y a de fortes chances pour que, dans le dernier cas, vous vous disiez : «La maîtresse comprend pourquoi j'étais fâché contre Jérôme. Elle ne me laissera pas lui donner des coups de pied, mais elle pense que je peux lui dire comment je me sens, avec des mots. Je suis peut-être capable de le faire.»

Voilà deux messages intérieurs tout à fait différents. Le premier persuade l'enfant qu'il est porteur d'une chose tellement méchante qu'il faut le retirer de la société. Le second lui enseigne comment se comporter en société, en s'affirmant sans violence.

Faut-il en conclure que l'enfant ne devrait jamais être retiré du groupe ? Certains enseignants sont d'avis que chaque salle de classe devrait comporter un havre où l'enfant peut se réfugier en cas de stress. Ce coin soupape peut contenir des livres, du matériel à dessin, des coussins sur lesquels on peut frapper ou s'étendre. Il est important que l'enfant ne soit pas contraint de s'y rendre. L'enseignant devrait plutôt lui en donner le choix, afin que l'enfant décide s'il doit s'y rendre ou non : «Je vois que tu es encore fâché contre Jérôme. Préfères-tu m'en parler ou te servir du papier et des crayons du coin soupape pour dessiner ce que tu ressens ?»

3. Pour les gens qui ont un tempérament comme le mien, c'est déjà un grand progrès que de remplacer la fessée par une mise à l'écart. Y a-t-il autre chose à faire quand on se sent sur le point de perdre la maîtrise de soi ?

Une mère nous a raconté qu'elle s'oblige elle-même à s'isoler quand elle se sent à la veille d'exploser. Elle nous a confié : «Quand j'ai vu mon fils égratigner bêtement la table de la salle à manger avec la pointe de son nouveau compas, je le lui ai arraché des mains en disant : 'Ce que je vois me met tellement en colère que je me retire dans ma chambre pour me calmer ! ' » Plus tard, quand elle s'est sentie plus calme, elle a montré à son fils assagi comment réparer les dégâts.

Quand Haim Ginott a reçu de la part d'une mère le défi de décrire ce qu'il ferait si on le poussait à bout, il s'est dressé sur ses ergots et il a lancé un regard furieux au petit offenseur imaginaire ; puis, en levant le bras droit de façon menaçante, il a mugi : « Je suis tellement en colère que je m'apprête à frapper ! Si tu tiens à la vie, déguerpis au plus vite ! ! ! »

4. Hier, l'enseignante de mon fils a imposé une retenue à tous les garçons parce que le surveillant lui avait raconté que certains de ses élèves avaient fumé dans les toilettes. En conséquence, mon fils a raté sa séance d'entraînement de basket-ball ; il en était très bouleversé. Il croit que toute punition de groupe est injuste. Qu'en pensez-vous ?
Il n'est pas difficile de comprendre les objections de votre fils quant à la punition de groupe. Les élèves innocents en sont indignés et ils peuvent en conclure : « À quoi bon observer les règlements si je me fais punir de toute façon ? » Les coupables peuvent en déduire : « Je ne me suis pas fait attraper cette fois. Je pourrais peut-être recommencer sans problème. » Si le but de l'enseignante est d'aider ses élèves à s'auto-discipliner, alors la punition, qu'elle soit individuelle ou collective, n'est pas la solution.

5. Dans mon district scolaire, on est en faveur des châtiments corporels et la loi locale ne les interdit toujours pas. Plusieurs parents, dont je suis, s'inquiètent des effets nocifs que peuvent avoir, sur les enfants, les gifles et les coups. Toutefois, nous ne savons pas s'il est possible de faire abolir la punition corporelle dans notre école. Où pouvons-nous trouver un appui à notre point de vue ?
Vous n'êtes pas les seuls qui ont de telles inquiétudes. Voici une liste d'organisations qui militent pour que le châtiment corporel

à l'école soit déclaré illégal aux États-Unis. La liste n'est pas exhaustive.

L'Académie américaine des pédiatres ;
l'Association américaine du barreau ;
l'Association médicale américaine ;
l'Association américaine de psychologie ;
la Ligue américaine du bien-être des enfants ;
l'Association nationale pour l'avancement des personnes
de couleur ;
l'Association parents-maîtres nationale ;
le Comité national pour la prévention des mauvais
   traitements
infligés aux enfants ;
l'Association nationale des psychologues scolaires ;
l'Association nationale de la santé mentale.

Dans la longue liste des pays qui ne permettent pas aux enseignants de frapper les élèves figurent l'Angleterre, la Pologne, l'Italie, la Russie, la Chine, la France, l'Allemagne, l'Espagne, les pays Scandinaves, Israël, la Turquie et le Japon. *Le Centre national pour l'étude de la punition corporelle et des options de rechange* dans les écoles de la Pensylvanie fournit des renseignements et de l'aide sur demande. Leur objectif est de faire ajouter les États-Unis à la liste des pays qui ont aboli la punition corporelle.

RÉCITS DE PARENTS

La première expérience nous vient de la mère de Mélissa, 9 ans.

Un jour, je suis rentrée du travail à quatorze heures parce que je ne me sentais pas bien. Imaginez le choc que j'ai ressenti lorsque j'ai entendu des rires d'enfants en provenance de la chambre de ma fille. J'ai couru à l'étage et j'ai aperçu Mélissa et son amie Joanne. Aussitôt qu'elles m'ont vue, elles ont cessé de rire et se sont regardées d'un air coupable. J'ai eu de la difficulté à le leur faire avouer, mais elles ont finalement admis qu'elles étaient venues casser la croûte à la maison et n'étaient pas retournées à l'école.

«Vous voulez dire que vous avez fait l'école buissonnière? ai-je demandé.

- On ne l'a pas fait exprès, a répondu Joanne. On était en train de parler et on a oublié de regarder l'heure.»

J'ai dit à Joanne qu'elle ferait mieux de retourner chez elle car je voulais parler à Mélissa seule à seule. Après le départ de son amie, j'ai très calmement dit à Mélissa: «Tu n'as pas oublié de regarder l'heure.»

- On voulait juste faire l'expérience, a-t-elle dit en baissant la tête, pour voir comment on se sentirait de ne pas retourner à l'école.»

Sur le coup, je ne savais pas quoi faire. J'ai songé à la punir en lui interdisant d'inviter Joanne pour un mois. Mais j'ai plutôt dit:

«Tout cela me contrarie énormément. Quand tu es censée être à l'école, je m'attends à ce que tu y sois. Maintenant, je vais probablement recevoir un appel de ton enseignante.

- Écris-moi plutôt une note d'excuse, a répliqué Mélissa. Si tu dis que j'étais malade, tu ne recevras pas d'appel.

- Mélissa, ai-je dit à mon tour, la note doit venir de toi, et tu dois écrire la vérité.»

Elle n'était pas très contente, mais elle a tout de même écrit une note (avec un peu d'aide de ma part) disant qu'elle n'avait voulu faire qu'une expérience et qu'elle ne recommencerait pas.

Par la suite, je me suis bien sentie. J'avais été ferme, je n'avais pas fait de crise et, même si l'enseignante ne lui a pas rendu la vie facile à propos de la note, je sentais que j'avais fait ce qu'il fallait. Je savais que j'avais aidé Mélissa à regarder sa conduite en face et à en assumer la responsabilité.

Le prochain récit vient de la mère d'une élève du secondaire.

Ma fille de 16 ans, Carole, m'a raconté que, dans son cours de sciences familiales, on étudie le développement de l'enfant. Un jour, l'enseignante a demandé : « D'après vous, que deviendrait un enfant qui ne serait jamais puni ? » Quand Carole a révélé à la classe que ses parents ne l'avaient jamais frappée ou punie, les autres élèves l'ont regardée bouche bée. Une fille a ajouté : « Mais… mais… tu es pourtant une fille bien ! »

J'imagine qu'ils ne pouvaient croire qu'on puisse devenir quelqu'un de bien sans avoir été puni. Je suppose que les enfants qui ont reçu des fessées et des punitions peuvent difficilement comprendre que si vos parents vous font confiance et vous parlent avec respect, il vous est possible de devenir une personne très bien, qui agit de façon responsable. À mon avis, Carole en est la preuve vivante.

La semaine dernière, au retour d'une sortie, mon mari et moi avons trouvé une note qu'elle avait déposée sur notre oreiller.

> *Chère maman, cher papa.*
> *Ce soir, alors que je sortais de la cour en marche arrière, j'ai heurté le chêne et bosselé le pare-chocs de la voiture. Ci-inclus, dix dollars comme premier versement pour couvrir les frais de réparation. Chaque mois, je verserai le même montant jusqu'à ce que tout soit payé. Je suis vraiment désolée !!! C'était un accident.*
> *Tendrement,*
> *Carole*

Je dois avouer que, sur le coup, nous étions un peu fâchés, mais quand le calme est revenu, nous étions plutôt fiers.

La prochaine expérience nous a été rapportée par un père.

Le président du district scolaire a convoqué tous les parents pour discuter d'une situation alarmante : l'augmentation de la consommation de drogue. Plusieurs experts en santé mentale ont pris la parole. Ils étaient tous excellents, mais la personne qui m'a réellement touché, ce fut une adolescente de notre école qui avait abandonné ses études. Elle venait tout juste de suivre un programme de désintoxication. Elle nous a parlé de son père alcoolique qui n'avait jamais de temps à lui consacrer ; de sa mère remariée qui avait cessé de lui accorder de l'attention ; de la longue liste des difficultés qu'elle avait eues à l'école, parce qu'elle jouait les dures à cuire ; des drogues dont elle avait fait l'expérience et qui l'avaient finalement contrainte à vivre dans la rue, terrifiée à l'idée qu'elle pourrait attraper le SIDA comme l'avaient fait quelques-unes de ses amies.

À la fin de son histoire, elle a jeté sur l'assemblée un regard circulaire en disant :

«Je n'ai qu'une seule chose à vous dire : de grâce, écoutez vos enfants. Je crois vraiment que si ma mère m'avait écoutée davantage au lieu de me punir, j'aurais peut-être été en mesure de l'écouter moi aussi. Au lieu de cela, je suis devenue agressive parce que, pour me punir, elle m'interdisait de sortir. Alors, je la défiais en m'éclipsant par la fenêtre de ma chambre. Si elle avait été davantage mon amie qu'une mère punitive, les résultats auraient pu être différents. Tout ce qu'un enfant possède vraiment, c'est sa famille. En fin de compte, c'est tout ce qui nous reste. Mais vous, les parents, vous devriez écouter davantage et juger moins. On s'ouvrirait davantage et plus spontanément.»

1. **J'ai enseigné dans plusieurs écoles et j'ai été témoin de toutes sortes de méthodes punitives, du sarcasme et de la raillerie jusqu'aux menaces de retenue et de renvoi temporaire. Certains enseignants privent les enfants de ce qu'ils aiment le plus : les sports, la musique, les voyages, etc. D'autres recourent davantage aux châtiments corporels. Ils giflent les élèves, les secouent, les pincent, leur tirent les cheveux. De toutes ces pratiques, lesquelles sont les plus dommageables à votre avis ?**

Dans son livre Reading, Writing, and the Hickory Stick, Irwin Hyman dit que toutes ces pratiques punitives peuvent produire chez l'enfant des réactions graves et durables. Sa recherche démontre que même une seule expérience pénible peut entraîner une variété de symptômes de névrose traumatique : il arrive que l'enfant se désintéresse de ses études, cesse de faire ses devoirs et commence à se montrer agressif. Il peut éprouver des sentiments d'anxiété ou de dépression, ou ne plus faire confiance aux adultes. Certains enfants redeviennent incontinents la nuit, commencent à se ronger les ongles, à bégayer ou encore à souffrir soudainement de maux de tête ou de ventre. Certains ont des cauchemars ou de la difficulté à s'endormir ou à rester endormis. Bien que tous ces symptômes ne risquent pas d'apparaître chez le même enfant, tous les enfants devraient en être protégés. Nos enfants ont le droit – sinon en vertu d'une loi nationale, du moins en vertu d'une loi supérieure – d'être traités d'une façon humaine et soucieuse de leur bien-être par ceux et celles qui réclament le privilège de les éduquer.

2. **Je ne peux toujours pas accepter l'idée qu'aucune situation n'exige une punition. Que dire de la petite brute qui, sur le terrain de jeux, s'empare des verres d'un élève de cinq ans, le fait pleurer et ricane joyeusement ? Un**

enfant qui agit aussi cruellement ne mérite-t-il pas quelques bonnes gifles ?

Il a besoin qu'on mette fin à son comportement et qu'on l'occupe à autre chose. Il n'a pas besoin qu'on lui fasse une fois de plus la démonstration que si l'on est plus grand et plus fort que les autres, on peut les faire souffrir. Sans doute, par expérience personnelle, la petite brute l'a-t-elle déjà fort bien appris. La gentillesse ne s'enseigne que par la gentillesse. L'enfant qui se montre cruel envers un autre enfant a besoin de ressentir la force de vos convictions et non celle d'une gifle douloureuse. Il a besoin d'entendre la sévérité qu'exprime une phrase telle que : « Je n'aime pas ce que je vois ! On ne doit jamais pousser la taquinerie jusqu'au point de faire pleurer quelqu'un. » Il a besoin d'entendre ce qu'on attend de lui : « Je m'attends à de la gentillesse de ta part... Tu peux commencer maintenant en lui rendant ses verres. » L'enfant n'apprend le respect que si on le respecte.

3. Êtes-vous en train d'insinuer qu'on peut remettre n'importe quel élève sur le droit chemin en le traitant avec respect ?

Si seulement cela pouvait être le cas ! C'est triste à dire, mais certains enfants ont été tellement brutalisés qu'ils restent insensibles aux marques de bienveillance. La journée scolaire est si courte qu'elle est loin de permettre la guérison des blessures de longue date. Au mieux, les enseignants peuvent protéger les autres élèves et se protéger eux-mêmes contre ces élèves qui échappent à toute influence. Cependant, il est particulièrement important de se montrer ferme mais respectueux à l'endroit de ces jeunes coléreux afin d'éviter de les rendre encore plus furieux. À tout le moins, chacun sera plus en sécurité et on n'aura pas aggravé le dommage.

4. Alors que j'étais responsable de la surveillance à la cafétéria, deux filles se sont engagées dans une bataille

à coups de poings. Le gardien de sécurité voulait les amener au bureau du directeur, mais je lui ai dit que je me chargerais moi-même de la situation. Chacune a essayé de me faire connaître son point de vue. J'ai refusé de les écouter, les prévenant que si cela se reproduisait, je les conduirais personnellement au bureau du directeur. Je commence à avoir des doutes. De quelle autre façon aurais-je pu m'y prendre ?

Vous auriez pu écouter chaque fille exposer son cas ; puis vous auriez pu refléter le point de vue de chacune : « Ainsi, Hélène, tu étais fâchée contre Rosa parce que… Et toi, Rosa, tu étais furieuse parce que tu croyais… » En accueillant la furie de chacune, vous auriez contribué à la désamorcer.

Un directeur d'école nous a raconté que, si on lui amène deux enfants qui se battent, il applique la méthode que lui a apprise le regretté Haim Ginott, psychologue pour enfants. Il fait asseoir les deux élèves à sa table de travail, l'un à chaque bout, puis il tend à chacun un crayon bien taillé ainsi qu'un bloc de papier grand format en disant : « Je veux que vous me disiez exactement ce qui s'est passé, par écrit. »

Habituellement, l'un des antagonistes proteste : « Mais ce n'est pas ma faute. » L'autre riposte : « Il m'a frappé le premier. » Le directeur répond alors d'un signe de tête et ajoute : « Assurez-vous de mettre cela dans votre rapport. Je veux savoir, dans les moindres détails, comment la chose a commencé, comment le tout s'est poursuivi et ce que chacun d'entre vous a ressenti. Et assurez-vous d'inclure des recommandations pour l'avenir ! »

Quand les enfants ont terminé, il lit chaque rapport et accueille avec respect l'expérience de chacun. Puis, il leur demande de se faire part mutuellement de leurs recommandations et d'en arriver à un accord.

Le premier récit nous vient d'une enseignante du secondaire.

En entrant en classe, j'ai attrapé Jean en train de faire un dessin compliqué sur la couverture intérieure de son manuel de mathématiques. Juste la veille, j'avais fait un discours en classe sur le respect des biens qui appartiennent à l'école. D'habitude, j'aurais extirpé l'élève de son siège en lui criant : «C'est terminé! Au bureau du directeur!» À la place, je me suis approchée de son pupitre et je suis restée plantée là. Jean a refermé vivement la couverture du livre en essayant de cacher son dessin. J'ai dit :

«Permets-moi de répéter ce que j'ai dit hier : cela me met en colère de voir quelqu'un barbouiller un manuel. On doit se servir de ces manuels pendant les cinq prochaines années; je m'attends à ce que mes élèves en prennent bien soin.

- Désolé, a-t-il marmonné. J'ai oublié.

- Je vois.»

Je suis allée m'asseoir à mon bureau. Un peu après, je suis retournée au pupitre de Jean. Assidûment, il essayait d'effacer le dessin avec sa minuscule gomme à effacer tout usée. Je lui ai tendu la mienne en disant :

«Tiens, tu y arriveras mieux si tu te sers de celle-ci. Tu peux aussi utiliser ce petit bloc-note quand tu auras vivement envie de griffonner.

- Merci, a-t-il répondu, l'air surpris.

- Il n'y a pas de quoi! ai-je conclu, puis j'ai commencé la leçon.»

Voilà un mois de cela, et Jean ne fait toujours pas de dessin dans son manuel. Il garde le petit bloc-note dans sa poche de chemise et me montre ses dessins de temps à autre. Je suis contente de ne pas l'avoir envoyé au bureau du directeur ce jour-là. Cela aurait peut-être mis fin au barbouillage de ses manuels, mais nous n'aurions jamais pu bâtir la relation que nous avons aujourd'hui. Et qui sait si je n'ai pas encouragé un Picasso en herbe.

Une conseillère d'orientation nous a raconté comment elle a aidé un enfant à éviter la punition dont le menaçait son enseignante. Elle a simplement accueilli les sentiments de l'enfant et lui a proposé des solutions de rechange.

Je suis allée dans une classe d'élèves de huit ans chercher trois enfants qui devaient subir des évaluations en vue d'un programme d'éducation spéciale. Deux d'entre eux se sont aussitôt levés pour me suivre. Khalil est resté assis, la tête basse, l'air fâché. L'enseignante a dit : « Khalil, Mme Godin est là. Elle t'attend. (Aucune réaction.) Eh bien, je vois que Khalil ne veut pas coopérer aujourd'hui. (Toujours pas de réaction.) Khalil, si tu veux participer à la sortie éducative demain, tu ferais mieux de suivre Mme Godin dès maintenant. » Khalil a penché la tête encore un peu plus. Je me suis rendue à son pupitre, me suis accroupie près de lui et lui ai murmuré à voix basse : « Tu ne veux pas venir, aujourd'hui.

Khalil :	*(en colère)* Je ne veux pas être à côté de Joseph !
Moi :	Oh ! Eh bien, je pense à deux possibilités : tu peux venir avec moi et je vais garder Joseph aussi loin de toi que possible… ou bien je peux t'évaluer maintenant, dans la classe. »

Khalil est resté longtemps sans rien dire. Puis il s'est levé et m'a suivie. J'étais vraiment contente d'avoir pu trouver un choix qui lui donnait une porte de sortie.

Le dernier récit nous a été rapporté par un travailleur social scolaire.

Stéphane avait sept ans. Beau et intelligent, il faisait partie d'une classe d'enfants qui présentaient des difficultés d'ordre émotif et comportemental. Son rendement scolaire était pitoyable. Ni la profusion d'encouragements, ni l'abondance des étoiles dorées ou d'autocollants qu'on lui donnait en récompense, rien n'ébranlait un tant soit peu sa résistance. Il détournait les yeux des personnes qui souhaitaient l'aider et haussait les épaules quand on lui demandait s'il avait des problèmes ; à la maison, il esquivait les avances affectueuses de sa mère. Comme il avait également peur des hauteurs, il refusait tout jeu qui l'aurait amené à grimper.

Le dossier que m'a fourni la famille révélait que les mesures disciplinaires prises à l'endroit de Stéphane dès ses débuts scolaires comprenaient des gifles pour manque d'attention à cinq ans et, à six ans, des coups de règle entre les omoplates et sur les jointures pour comportement perturbateur. Pour montrer sa bonne volonté, la mère avait donné à l'enseignante, en présence de Stéphane, la permission de le traiter comme bon lui semblerait.

Au cours de séances informelles et détendues j'ai encouragé les parents à discuter du sujet avec Stéphane. Après seulement une ou deux séances, à leur grande surprise, ils se sont rendu compte que Stéphane se souvenait très clairement de chacune des occasions où il avait reçu des coups de férule ou de règle à l'école. Brusquement, pour la première fois, il a exprimé sa rage refoulée en martelant de ses poings le genou de sa mère : « Mais, maman, tu lui as dit qu'elle pouvait me frapper. Tu lui en as donné la permission. »

Sa mère était prise au dépourvu. Elle a expliqué que dans son esprit, cela n'avait jamais voulu dire qu'on devait faire mal à son fils. À la fin de la séance, pour la première fois depuis au-delà d'un an, ils se sont embrassés affectueusement.

Un jour ou deux plus tard, alors que Stéphane et son père jouaient à l'extérieur, leur balle est restée coincée sur le toit de la maison. Le père a sorti l'échelle, avec l'intention d'aller chercher la balle, mais Stéphane a dit soudain : «Non, laisse-moi y aller.» Il a réussi à gravir les échelons et à retrouver la balle. Il était visiblement transporté de joie et très fier de lui-même. Il a couru à la maison, a pris sa mère par la taille et lui a triomphalement annoncé : «Maman, depuis que je t'ai confié mon secret, je peux tout faire !»

Inutile d'ajouter que son rendement scolaire s'est amélioré de façon remarquable à partir de ce moment.

4

Résoudre les problèmes ensemble : six étapes pour susciter la créativité et l'engagement de la part des enfants

Le dernier jour de ma première année d'enseignement, Tasha, une bavarde incorrigible à la voix forte, m'a confié :

« Vous avez été trop faible avec nous. Tout était permis dans votre classe.

- Pourquoi tu ne me l'as pas dit avant ! me suis-je exclamée en riant.

- J'avais bien trop de plaisir, a-t-elle répondu. »

Nous étions toutes les deux souriantes quand elle est sortie d'un pas nonchalant, mais mon sourire s'est évanoui aussitôt après son départ. Tasha avait-elle raison ? Avais-je laissé les élèves s'en tirer trop facilement ? Peut-être. Je voulais tellement éviter de punir, me faire aimer de tous, que je fermais les yeux sur ce que je considérais comme insignifiant le fait qu'ils s'interrompent les uns les autres, qu'ils se rabrouent, ou encore que l'un d'entre eux crie de l'autre bout de la classe. Pourquoi gâcher une leçon intéressante en faisant une montagne de quelques peccadilles ? Mais Tasha m'avait fait savoir qu'elle avait tiré profit de mon désir d'être « gentille ». Elle n'était probablement pas la seule

J'ai alors pris la résolution d'être plus exigeante l'année suivante : j'énoncerais les règlements dès la première journée et me montrerais inflexible quant à leur application. Mais en septembre, après seulement quelques semaines, j'ai commencé à me relâcher. Par exemple, une bonne discussion comprend, selon moi, un échange animé, sans interruptions, où une idée en suscite une autre. Le fait que, dans le feu de la discussion, un élève coupait la parole à un camarade ne me semblait pas un péché capital. Si, au cours d'un débat houleux, quelqu'un n'était pas d'accord avec ce qu'il avait entendu et ricanait en disant : «C'est stupide», je laissais faire. Mais comme les interruptions et les moqueries augmentaient, nos discussions de classe ont rapidement dégénéré en bruyantes querelles.

Pourtant, je ne parvenais pas à me résoudre à refroidir leur enthousiasme par des réprimandes et de constants rappels à l'ordre. J'étais peut-être naïve, mais je m'attendais à ce qu'un jour, les enfants eux-mêmes prennent conscience qu'ils devaient se mettre à agir de façon plus polie les uns envers les autres. La seule prise de conscience a été la mienne. Ces jeunes n'étaient pas à la veille de changer, à moins que leur enseignante ne le fasse. Il leur fallait un adulte qui leur enseigne les règles élémentaires du savoir-vivre et qui insiste pour qu'on les applique. Mais comment m'y prendre ?

J'ai pensé au chapitre sur la résolution de problèmes dans le livre Parler pour que les enfants écoutent, écouter pour que les enfants parlent. Selon la théorie, quand parents et enfants examinent ensemble les problèmes et cherchent à les résoudre, les enfants sont plus enclins à faire les efforts nécessaires pour que les solutions proposées donnent des résultats.

Je trouvais l'idée intéressante. J'ai étudié, étape par étape, le processus de résolution de problèmes et j'ai écrit ma propre adaptation, dans l'optique de m'en servir avec ma classe, éventuellement.

- Accueillir les sentiments et les besoins de mes élèves.
- Résumer leur point de vue.
- Exprimer mes sentiments et mes besoins.
- Inviter la classe à faire avec moi un remue-méninges afin de trouver une solution.
- Écrire toutes les idées… sans les évaluer.

- Choisir ensemble les idées que nous prévoyons utiliser et la façon de les mettre en pratique.

En réexaminant les six étapes, je me suis momentanément sentie accablée. Serai-je vraiment capable de guider la classe jusqu'au bout de ce long processus compliqué ? Mais par contre, c'était peut-être moins difficile que cela en avait l'air. « Au fond, me suis-je dit, les enfants expriment leurs sentiments, j'exprime les miens et nous cherchons des solutions tous ensemble. » Le jeu en valait sûrement la chandelle. Dans les bandes dessinées qui suivent, on trouvera les temps forts de ce qui s'est passé la première fois que j'ai essayé la méthode avec mes élèves.

La résolution de problème

SOYEZ À L'ÉCOUTE DES SENTIMENTS ET DES BESOINS DES ÉLÈVES

Résumez leurs points de vue

Exprimez vos propres sentiments et vos besoins

INVITEZ LA CLASSE À FAIRE UN REMUE-MÉNINGES EN VUE DE TROUVER UNE SOLUTION

ÉCRIVEZ TOUTES LES IDÉES — SANS LES ÉVALUER

CHOISISSEZ ENSEMBLE LES IDÉES QUE VOUS N'AIMEZ PAS, CELLES QUE VOUS AIMEZ, ET COMMENT VOUS PRÉVOYEZ LES APPLIQUER

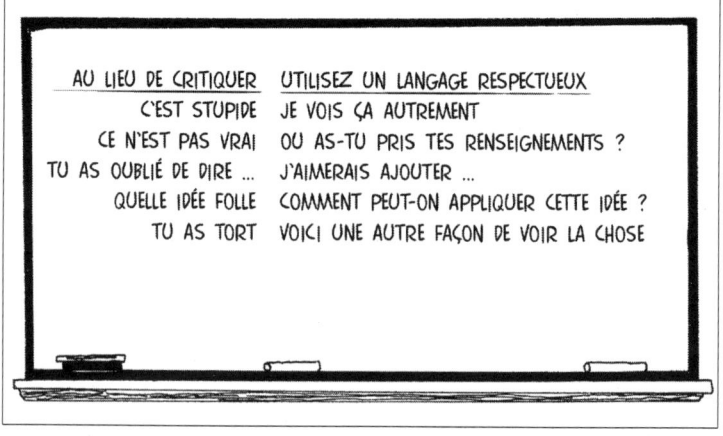

Après cette séance de résolution de problèmes, d'importants changements sont survenus. Le nombre d'interruptions a diminué de façon spectaculaire. Les rares élèves qui continuaient d'interrompre les autres se rattrapaient eux-mêmes en disant : « Pardon » ou « Désolé », puis ils attendaient poliment leur tour. Mais le résultat le plus gratifiant pour moi, c'est que les jeunes se sont mis à s'écouter les uns les autres de façon respectueuse. Même ceux qui, sans réfléchir, lançaient encore : « C'est stupide » se faisaient arrêter net par un grognement de la classe. De façon typique, le coupable esquissait un sourire embarrassé, jetait un coup d'œil au tableau et lisait mécaniquement : « Je ne suis pas de cet avis » et tout le monde s'esclaffait. Malgré le côté purement machinal de la récitation, les nouvelles paroles changeaient le ton de la discussion. Par-dessus tout, je n'avais plus à me soucier d'être à l'affût des manquements aux règles de civilité. Mes élèves avaient pris la responsabilité de se surveiller eux-mêmes.

J'étais très fière de la maîtrise qu'ils avaient maintenant de leur impulsivité ainsi que de l'accroissement de sensibilité qu'ils manifestaient les uns envers les autres. J'ai même décidé d'en faire part aux parents lors de la soirée « Rencontre avec l'enseignante ». Une fois tous les parents assis, je les ai salués et leur ai exposé mes objectifs pour le trimestre. Puis, en désignant au tableau la liste intitulée « Utilisons un langage respectueux », j'ai décrit le problème qu'avait eu la classe, puis le processus que nous avions utilisé pour le résoudre.

Les parents avaient l'air d'être intéressés. Les questions et les commentaires se sont mis à pleuvoir.

« J'arrive tout juste d'un atelier de formation en gestion. Les habiletés de résolution des conflits qu'on nous a enseignées ressemblent beaucoup à ce que vous venez de décrire.

- C'est le genre de chose qu'on pourrait faire à la maison, avec nos propres enfants.

- Je n'aurais jamais la patience de passer par toutes ces étapes avec mes enfants.

- Et si un enfant n'est pas disposé à réfléchir à des solutions ?

- Supposons qu'il propose une idée folle ou dangereuse. Que faire alors ?

- Que se passe-t-il si on s'entend sur une marche à suivre et que les enfants n'honorent pas leur partie de l'entente ? Que faire ensuite ? »

Tous avaient manifestement le désir d'en savoir plus. J'ai expliqué que je n'avais aucune expérience dans l'utilisation de ces méthodes en tant que parent. J'ai toutefois ajouté que je serais heureuse de leur communiquer ma découverte comme enseignante si la chose les intéressait. L'intérêt était très évident. J'ai poursuivi en expliquant que, plus j'acquiers de l'expérience dans l'utilisation de la méthode de résolution de problèmes, plus je réalise la quantité de choses qu'il me faut garder en mémoire pour obtenir des résultats. Voici les grandes lignes de ce que j'ai confié aux parents, en ajoutant que j'avais appris par essais et erreurs.

Si vous vous sentez pressé ou agité, n'essayez même pas d'utiliser la résolution de problèmes. Pour résoudre un problème difficile, il faut avoir du temps, les idées claires et se sentir calme intérieurement.

La première étape – écouter l'enfant jusqu'au bout – est la plus importante. J'avais tendance à me dépêcher durant cette première étape afin de vite en arriver à la « bonne partie », c'est-à-dire le remue-méninges où l'on produit autant de solutions que possible.

L'élève :	Madame Landry, j'ai obtenu la note « passable » à mon examen de sciences sociales !
Moi :	Que pourrais-tu faire pour t'assurer que cela n'arrive plus ? Tu as des idées ?

J'ai appris depuis que les élèves ne sont pas enclins à chercher des solutions tant qu'on n'a pas accueilli leurs sentiments.

| *Moi:* | Tu me sembles pas mal bouleversée par cette note. Révisons tes réponses ensemble. Tu pourras peut-être m'en dire plus long à propos de ce que tu avais en tête. |

Exprimez vos sentiments en quelques mots seulement. Les enfants étaient capables d'une écoute attentive quand je formulais brièvement comment je me sentais, mais ils décrochaient si je poursuivais la description de mes propres inquiétudes, de ma frustration ou de mes ressentiments.

Résistez à votre forte envie d'évaluer leurs suggestions. Je trouvais très difficile de retenir mes commentaires quand les enfants proposaient des solutions clairement farfelues. La fois où j'ai dit: «Il est hors de question de faire cela», tout le processus de résolution de problèmes s'est arrêté pile. Personne n'a offert de suggestion par la suite. Si on veut faire tourner les rouages de la créativité, il faut accueillir chacune des idées – aussi folles soient-elles: «Celui qui interrompt sera bâillonné durant toute la semaine. C'est noté. Quoi d'autre?»

Assurez-vous de dresser un plan pour implanter la décision finale. J'ai appris à ne pas me reposer sur mes lauriers après avoir contribué à générer une solution extraordinaire. La meilleure des intentions peut s'évaporer à moins que tous s'entendent sur une façon de mettre la solution en action, puis que l'on détermine qui sera responsable de quoi.

Ne perdez pas courage si le plan ne donne pas les résultats escomptés. Il est facile de réprimander les enfants parce qu'ils n'ont pas donné suite à leur propre plan. La seule fois où je l'ai fait, la classe est devenue maussade et hostile. J'ai finalement appris qu'il est beaucoup plus sage de prévoir une autre rencontre pour chercher à découvrir ce qui est allé de travers et pour y remédier. En d'autres mots, une unique séance de résolution de problèmes n'est peut-être pas suffisante. En recommençant, on peut habituellement trouver des réponses qui nous ont échappé la première fois.

Mon long monologue s'est terminé au son de la cloche. Certains parents sont partis voir d'autres enseignants, mais quelques-uns sont restés et se sont agglutinés autour de mon bureau. Ils voulaient poursuivre la discussion.

« Croyez-vous, a demandé un père, que la méthode que vous venez de décrire s'appliquerait dans le cas de problèmes reliés aux devoirs à la maison ?

- Votre réponse à cette question m'intéresse, a poursuivi une mère. Dès que Lara met les pieds dans la maison après l'école, je m'occupe de ses devoirs.

- Vous vous occupez de ses devoirs à elle ? ai-je demandé, surprise par son commentaire.

- Pas constamment, a-t-elle répondu, mais les parents ne sont-ils pas censés aider leurs enfants à faire leurs devoirs ?

- Quel genre d'aide ? ai-je demandé.

- Eh bien, quand Lara arrive de l'école, je lui demande de me montrer la liste de ses devoirs ; j'en fais le survol avec elle et je l'aide à s'organiser. Cet après-midi, je l'ai conduite à la bibliothèque et nous avons choisi d'excellents livres qui lui permettront de faire sa composition sur Eleanor Roosevelt. »

J'étais horrifiée. Lara était une élève raisonnablement douée. L'objectif des devoirs que je donnais était de lui fournir, à elle ainsi qu'aux autres enfants de la classe, l'occasion d'organiser leur propre horaire, de travailler seuls, d'exercer leur propre jugement. Avec autant de tact que je le pouvais, j'ai répondu : « Selon moi, la meilleure façon d'aider les enfants est de leur fournir une aide indirecte : leur procurer un endroit calme où travailler, un bon éclairage, un dictionnaire, un goûter s'ils ont faim; puis, rester disponible s'ils veulent vous poser une question. »

La mère de Lara m'a regardée en levant les sourcils. Il était clair que mon petit discours ne l'avait convaincue en rien. J'ai essayé de me rappeler ce que mes parents avaient fait pour ma sœur et moi dans notre enfance. Dans ma famille, on considérait les devoirs comme très importants; on leur accordait la priorité absolue. Nous avions une sorte de rituel: chaque soir, après le repas, nous débarrassions la table, y étalions livres et cahiers et faisions nos devoirs. Jamais nous nous demandions quand, comment ou pourquoi. C'était tout simplement « l'heure des devoirs ».

« Que pensez-vous de l'idée d'établir avec Lara un genre de rituel quotidien, ai-je dit tout haut. Elle pourrait avoir le choix de travailler seule dans sa chambre, ou ailleurs près de vous; petit à petit, vous pourriez vous éclipser et laisser Lara prendre toute la place.

- J'aimerais que ce soit aussi simple, a déclaré la mère de Lara, un peu irritée. Mais à vrai dire, elle ne fait pas ses devoirs si je ne la surveille pas. Elle... »

Une femme l'a interrompue en disant: « Je ne voudrais pas vous offenser, mais je crois que vous ne rendez pas justice à votre fille. Ma mère avait l'habitude de me harceler chaque soir à propos de mes devoirs; elle rôdait autour de moi pour s'assurer que je les faisais tous et correctement. Parfois, elle prenait la relève et les faisait à ma place. Après un certain temps, je me suis même mise à éviter de les commencer en son absence. J'imagine qu'à un certain niveau, je considérais que tant qu'elle assumerait mes responsabilités, je n'avais pas à les assumer. C'est pour cette raison que j'ai adopté une politique de non-intervention à l'égard des devoirs de ma fille.

- Vous voulez dire que vous n'aidez jamais votre enfant à faire ses devoirs ? a demandé, déconcertée, la mère de Lara.

- Bien sûr, si elle est dans une impasse, j'écoute ce qui la dérange et j'essaie de l'aider à s'en sortir. Mais aussitôt qu'elle retrouve son filon, je tire ma révérence. Je veux qu'elle sache que c'est elle, la responsable de ses devoirs, et qu'elle est fondamentalement capable de les faire toute seule.

- En supposant qu'elle le soit, a persisté la mère de Lara. Mais si elle ne l'est pas ?

- Cherchez de l'aide à l'extérieur, a ajouté la dame sans hésiter. Une tutrice, une élève du secondaire ou une camarade de classe à qui elle peut téléphoner. N'importe quoi pour éviter que les parents prennent le relais et se «passionnent» pour les devoirs de leurs enfants.

Un homme avait écouté avec une vive attention. Il a vigoureusement acquiescé de la tête.

- À quoi pensez-vous, ai-je demandé.

- À mon père, a-t-il répondu. Mes difficultés en maths l'affectaient profondément. Il a finalement décidé que ce serait lui, mon prof de math. Chaque soir, il me faisait asseoir près de lui et je devais écouter ses longues explications. Au début, il se montrait toujours patient, mais comme je ne comprenais toujours pas, il devenait furieux envers moi et recommençait ses explications, cette fois en parlant plus fort. J'ai peut-être appris de lui un peu de math, mais ça n'a guère nourri notre relation. C'est pourquoi j'ai mis les choses au clair avec mon fils, Timothée : il lui revient de faire ses devoirs, tout comme il me revient de faire mon travail.

- Et si Timothée ne voyait pas cela du même œil ? a objecté un autre père.

- En fait, l'an dernier, il m'a donné du fil à retordre. Quand il est devenu membre de l'équipe de football, c'est devenu la chose la plus importante au monde. J'ai reçu de son enseignante une lettre m'apprenant qu'il ne faisait pas ses devoirs.

- Que lui avez-vous dit ? a demandé la mère de Lara.

- À vrai dire, je ne lui ai rien dit. J'ai demandé un rendez-vous à son enseignante. Je l'ai remerciée de m'avoir mis au courant. J'ai toutefois mentionné que si Timothée recevait une lettre d'elle, ce serait beaucoup plus efficace qu'un discours de ma part. Je lui ai ensuite fourni cinq exemplaires du message dactylographié suivant :

Cher Timothée,
Les devoirs suivants ne sont pas encore remis : _____
_____
Dates : _____
Au plus tard demain matin, dis-moi quand je vais les recevoir.
Bien cordialement,

- Je lui ai aussi remis cinq enveloppes adressées et affranchies en lui disant à quel point j'appréciais sa collaboration. »

Nous le regardions tous, attendant la suite.

« Et puis, que s'est-il passé ? ai-je demandé.

- La première lettre a surpris Timothée, mais il n'en a pas tenu compte. Mais quand la deuxième est arrivée, il a réalisé que son enseignante ne plaisantait pas. Il a commencé à remettre ses devoirs à temps. Il n'a pas cessé depuis.

- Bonté divine, s'est exclamée la mère de Lara avec admiration, vous avez vraiment résolu le problème !

- Oui, ça s'est bien passé, mais j'ai un autre problème, ce trimestre-ci. Maintenant, il attend à la dernière minute pour faire ses devoirs et il reste debout jusqu'à des heures impossibles pour essayer de les terminer. Je le talonne pour qu'il les commence plus tôt, mais il trouve toujours des excuses pour se défiler : sa sœur le gêne ; il travaille sur un modèle d'avion ; il regarde une émission de télé.

- Madame Landry, a demandé la mère de Lara en se tournant vers moi, vous nous avez parlé de la résolution de problèmes. Croyez-vous que la méthode donnerait des résultats dans le cas de Timothée ?

- C'est possible, ai-je répondu, en souhaitant soudainement que Jeanne soit là pour m'aider.

- Comment vous y prendriez-vous au juste ?» a demandé le père de Timothée en fronçant les sourcils.

Tous les regards étaient tournés vers moi. J'ai demandé au père de Timothée de décrire comment les choses se passaient quand il insistait pour que son fils commence ses devoirs plus tôt. Nous avons ensuite discuté tous ensemble de ce qui pourrait se passer si Timothée et son père tentaient de résoudre le problème ensemble. Les pages suivantes décrivent les deux scénarios que nous avons imaginés.

La bataille des devoirs

Résoudre le problème ensemble

ÉCOUTEZ LES SENTIMENTS ET LES BESOINS DE L'ENFANT

Je parie que c'est difficile de te mettre à tes devoirs. Après une longue journée à l'école, tu aimerais sans doute te reposer.

Ouais ! Je veux jouer à la balle avec mes amis et regarder la télé et construire des avions miniatures.

MONTREZ QUE VOUS COMPRENEZ

En plus, ça travaille mieux le soir, quand il y a moins de bruit.

Ainsi, tu aimes avoir du temps pour le plaisir, puis faire tes devoirs plus tard, quand c'est calme dans la maison.

Ouais !

Exprimez vos sentiments et vos besoins

Deux choses me préoccupent : Devoir te pousser chaque soir à faire tes devoirs...

Et voir que tu veilles tard et que tu es fatigué le lendemain matin.

Invitez l'enfant à faire une avalanche d'idées

En s'y mettant à deux, je me demande si on pourrait trouver des idées qui feraient notre affaire à tous les deux.

Je vais tout écrire. Tu commences.

Écrivez toutes
les idées – sans les évaluer

1. Cesser de me casser les pieds (Tim)

2. Faire tous tes devoirs dès ton retour
   à la maison (papa)

3. Couche le bébé plus tôt, et je commence
   mes devoirs à ce moment-là (Tim)

4. Faire tes devoirs en 2 temps. Faire la
   partie facile en arrivant à la maison et la
   partie difficile plus tard (papa)

5. Eloigner Patty quand je suis au travail (Tim)

6. Préparer un emploi du temps que tu
   crois pouvoir suivre, incluant des périodes
   de travail, de jeu et de sommeil (papa)

Choisissez ensemble les idées que vous n'aimez pas, celles que vous aimez, et comment vous prévoyez y donner suite

Quelques jours après la soirée « Rencontre avec l'enseignante », j'ai reçu un appel du père de Timothée. Il voulait me dire ce qui s'était passé quand il a parlé à son fils. « Ça ressemble pas mal à ce qu'on avait imaginé, a-t-il dit. Le seul problème, c'est l'emploi du temps préparé par Timothée. Il y avait inscrit deux heures de télévision et devait se coucher à 23 heures. Je lui ai dit que je n'étais pas trop à l'aise avec ça. Nous avons donc révisé son emploi du temps et je l'ai aidé à le modifier. Nous avons finalement convenu qu'il commencerait ses devoirs une demi-heure plus tôt, qu'il se permettrait une heure de télé, qu'il serait au lit à 21 h 30 et qu'il éteindrait à vingt-deux heures. »

Au fur et à mesure que s'écoulaient les semaines, je comprenais de mieux en mieux la méthode de résolution de problèmes et j'en découvrais la valeur profonde. J'ai commencé à me rendre compte que les bénéfices à long terme du processus dépassent de beaucoup les gratifications immédiates qu'on en retire, telles que l'harmonisation des activités courantes de la classe ou la résolution de problèmes persistants à la maison. Quand nous invitons un enfant à se joindre à nous pour s'attaquer à un problème, nous envoyons une série de messages puissants :

- Je crois en toi.
- J'ai confiance en ta capacité de penser avec sagesse et créativité.
- J'attache de la valeur à tes contributions.
- Je vois notre relation non pas comme celle où un « adulte tout-puissant » exerce son autorité sur un « enfant ignorant », mais celle où un adulte et un enfant sont égaux, non pas en matière de compétence ou d'expérience, mais en dignité.

La seule chose que nous puissions garantir à tous nos enfants, maintenant et à l'avenir, c'est qu'ils feront face à des problèmes, parfois même en succession continue. Mais en leur enseignant comment aborder un problème, en leur montrant comment le réduire en petites parties plus faciles à gérer, en les encourageant à utiliser leur propre ingéniosité pour résoudre leurs problèmes, nous leur donnons des habiletés sur lesquelles ils peuvent compter toute leur vie.

Aide-mémoire

1. Accueillir les sentiments et les besoins de l'enfant.

L'adulte : *Ton échec au test d'espagnol semble te contrarier beaucoup.*

L'enfant : *Oui ! J'ai réussi seulement douze mots sur vingt, même si j'ai étudié une heure hier soir !*

2. Résumer le point de vue de l'enfant.

L'adulte : *Tu as l'air vraiment découragé. Même en essayant de te bourrer le crâne de tous ces mots nouveaux, certains refusent d'y rester.*

3. Exprimer vos sentiments et vos besoins.

L'adulte : *Je m'inquiète. Si tu ne mémorises pas le vocabulaire de base, tu risques de prendre de plus en plus de retard.*

4. Inviter l'enfant à faire un remue-méninges avec vous.

L'adulte : *En réfléchissant ensemble, je me demande si on arriverait à trouver des façons plus efficaces d'étudier.*

5. Écrire toutes les idées — sans les évaluer.

L'enfant : *Laisser tomber le cours d'espagnol.*

L'adulte : *(écrit) C'est noté. Autre chose ?*

L'enfant : *Je pourrais peut-être…*

6. Choisir ensemble quelles sont les idées que vous aimez, celles que vous n'aimez pas, et la façon dont vous prévoyez leur donner suite.

L'adulte : *Que dirais-tu de fabriquer des fiches et d'étudier seulement quatre mots nouveaux chaque soir ?*

L'enfant : *C'est bien. Mais au lieu des fiches, j'aimerais mieux m'enregistrer pendant que je récite les mots, puis les écouter jusqu'à ce que je les sache.*

Questions et récits provenant de parents et d'enseignants

1. Je remarque que vous commencez la résolution de problèmes en écoutant le point de vue de l'enfant. Serait-ce une erreur d'inverser l'ordre, de laisser l'adulte exprimer ses préoccupations en premier ?

Pas nécessairement. Toutefois, certains enfants deviennent méfiants et se renferment quand les adultes commencent par l'expression de ce qui les irrite. C'est beaucoup plus facile pour les enfants de comprendre le point de vue d'un adulte et d'en tenir compte si celui-ci a d'abord fait preuve d'une bienveillance et d'un accueil authentiques à l'égard de leurs sentiments.

2. Je suis pleine de bonnes intentions quand je commence la résolution de problèmes avec mes enfants, mais quand j'aborde la section où j'exprime mes sentiments, j'ai du mal à éviter de les blâmer et de les accuser. Vous avez des suggestions ?

Une façon d'éviter le blâme, c'est d'éviter le *tu* ou le *vous* accusateurs : « *Vous*, les enfants, *vous* ne faites jamais… *Tu* fais toujours… *Ton* problème, c'est que *tu*… » Remplacez plutôt les mots *tu* et vous par *je*. Par exemple : « Voici comment *je* me sens. Je me sens contrariée quand… Voici ce que moi j'aimerais voir… » Pourvu qu'ils ne se sentent pas attaqués, les enfants peuvent écouter vos sentiments sans se mettre sur la défensive.

3. J'ai remarqué que parfois, quand je commence à faire un remue-méninges avec mes enfants, ils se mettent à

m'accuser. Par exemple, si je suggère : « Je pourrais peut-être faire ceci ou cela », ils répondent : « Non, tu ne le feras pas. Souviens-toi, la dernière fois où tu... » et nous voilà soudain partis dans une longue digression sur le passé. Y a-t-il moyen d'éviter cela ?

Si vos enfants commencent à *vous* accuser, vous pouvez les ramener au sujet avec des phrases telles que : « On ne s'accuse pas les uns les autres à propos du passé. Ce que nous devons faire maintenant, c'est réfléchir à des solutions pour l'avenir. »

4. Je connais une situation qui ne peut se résoudre par la méthode de résolution de problèmes. Je suis responsable de trois enfants dans mon foyer d'accueil. Il est rare qu'une semaine se passe sans que l'un ou l'autre me raconte qu'on a tenté de l'intimider à l'école, qu'on lui a crié des injures, qu'on s'est moqué de lui, qu'on a ri de ses chaussures, de sa coupe de cheveux ou de ses yeux bridés. Je leur dis de ne prêter aucune attention à ces idioties sans importance. Que faire d'autre ?

On ne devrait jamais rester indifférent devant une blessure. L'enfant blessé a besoin de savoir que quelqu'un comprend sa douleur. Il a besoin d'un adulte qui reconnaît à quel point c'est effrayant et profondément pénible de se faire agresser, peu importe le motif de l'agression.

Après avoir manifesté votre sympathie à l'enfant, vous pouvez solliciter l'appui des autres enfants. Lors d'un conseil de famille, vous pouvez vous attaquer ensemble au problème. Voici quelques questions dont tous peuvent discuter :

- Ce qui vient d'arriver à Chul Su vous est-il déjà arrivé ? Comment avez-vous réagi ?
- Que pouvez-vous faire quand quelqu'un se moque de vous ? Faire semblant de ne pas entendre ? Changer de sujet ? Se dire d'accord ? Faire de l'humour ? (« Ouais !

C'est la coupe poirier ; elle me permet de mettre la tête par terre et de me tenir en équilibre les jambes en l'air. »
• Que pouvez-vous faire si on vous menace physiquement ? Demander de l'aide ? Crier : «Attention ! Regarde derrière toi !» et vous sauver à toute vitesse ? Dire à la petite brute que vous avez une maladie contagieuse fatale ? Apprendre le karaté ?
• Quels sont les adultes qui peuvent vous aider à mettre fin aux taquineries ou aux intimidations ? L'enseignante ? Le directeur ? Vos parents nourriciers ? Les parents de la petite brute ?

Après avoir écrit toutes les solutions issues de votre discussion, les enfants peuvent à tour de rôle s'exercer à les mettre en pratique à l'aide de jeux de rôles au cours desquels un enfant en taquine ou en intimide un autre. Quand vous aurez terminé votre résolution de problèmes en groupe, les enfants pourraient tous sentir qu'ils ont davantage de moyens de prendre en main leur destin, à la fois comme individus et comme groupe familial.

Récits de parents

Le premier récit nous vient d'une mère qui a utilisé la résolution de problèmes comme moyen de se libérer de ses propres tensions et d'aider ses enfants à devenir plus responsables.

L'an dernier, mes trois filles (6, 8 et 12 ans) ont tellement insisté pour avoir les «bons» vêtements, les «bonnes» chaussures, et les «bonnes» fournitures scolaires pour la rentrée que j'ai laissé tomber mes objections et leur ai procuré des choses trop chères pour mes moyens.

Cette année, dès la première parution des annonces publicitaires pour la rentrée scolaire, j'ai décidé de devancer mes filles. J'ai convoqué un conseil de famille et j'ai demandé aux filles de mettre par écrit tout ce qu'elles considéraient absolument nécessaire pour la rentrée. (Nous avons aussi dressé une « liste de souhaits », c'est-à-dire ce qu'elles aimeraient acheter si la famille gagnait le gros lot.) Puis, je leur ai dit, sans détour, qu'il me fallait procéder à des restrictions budgétaires si nous voulions continuer à jouir des choses essentielles à la vie, telles que la nourriture et un toit au-dessus de nos têtes.

Elles ont d'abord protesté, puis, peu à peu, elles se sont mises à faire toutes sortes de suggestions. La gamme allait de : « Faisons des biscuits et vendons-les dans le voisinage » jusqu'à : « On pourrait confectionner nos propres vêtements, mais il faudrait acheter une machine à coudre ». Finalement, c'est l'idée de Jessica, 12 ans, qui a rallié leurs suffrages : « Donne un montant d'argent à chacune et nous nous débrouillerons. » Jessica s'est même portée volontaire pour aider ses sœurs à faire leur budget.

J'ai accepté, même si j'avais des doutes. Je ne suis pas certaine que les plus jeunes ont compris toutes les implications de leur solution, mais Jessica en a senti les effets. Un jour que je l'aidais à se trouver un veston dans un magasin, je lui en ai indiqué un bleu, très joli, sur le présentoir. Elle a tout de suite regardé l'étiquette et elle a conclu : « Maman, tu n'es pas sérieuse. Il est beaucoup trop cher ! »

Le prochain récit vient d'une mère aux prises avec l'anxiété de séparation que vivait sa fillette de 3 ans.

Toutes les autres mères laissent leurs enfants à la garderie en leur disant joyeusement au revoir, mais Alice devenait hystérique aussitôt que je me dirigeais vers la porte. Elle me courait après, se pendait à mon bras et pleurait amèrement. Je commençais à désespérer : après trois semaines, elle ne semblait toujours pas disposée à changer de comportement.

Un matin, j'ai décidé de recourir à la méthode de résolution de problèmes. Après le petit déjeuner, je lui ai dit en l'assoyant sur mes genoux : «Alice, tu aimes vraiment que je reste avec toi, à la garderie, et (notez que j'ai dit et plutôt que mais) aujourd'hui, il faut que j'aille faire des courses. C'est pourquoi je me suis demandé ce que nous pourrions bien faire ?»

Elle m'a regardée, l'air perdu.

- Tu te sentirais mieux si tu apportais ton ourson ? ai-je demandé. Elle a fait non d'un signe de tête.

- Que penses-tu de mon écharpe duveteuse ? Elle a encore fait non de la tête et s'est blottie contre mon épaule.

- Tu restes, a-t-elle dit. Puis, l'instant d'après, elle a ajouté : «Vas-y, mais embrasse-moi une onzaine de fois.»

J'ai eu une inspiration soudaine. Je lui ai pris la main et, après y avoir déposé un baiser, je l'ai refermée en disant : «Maintenant, tu as un baiser de moi. Mets-le vite dans ta poche. Chaque fois que tu t'ennuies de moi, tu peux le sortir de ta poche et te donner à toi-même un baiser de maman. Qu'en penses-tu ?

Son visage s'est éclairé. Elle a enfoui son baiser au plus profond de sa poche. Ce matin-là, pour la première fois, elle m'a laissée partir.

La prochaine conversation nous a été rapportée par le père d'un garçon de 14 ans qui subissait, de la part de ses copains, des pressions pour qu'il prenne de l'alcool.

Mon fils Zacharie sait ce que je pense des drogues et de l'alcool. J'ai toujours essayé de lui fournir des renseignements exacts, plutôt que des rumeurs effrayantes. Récemment, le bruit courait qu'après la classe, des enfants se rendaient à telle maison en l'absence des parents, et qu'ils buvaient. Dans la voiture, alors que je conduisais Zacharie à sa séance d'entraînement de basket-ball, je lui ai parlé de ce que j'avais entendu dire et lui ai demandé si c'était vrai. Il m'a regardé d'un air gêné, mais il n'a rien dit.

« As-tu déjà bu ? ai-je demandé.

- J'ai pris une bière, une fois. Papa, il a bien fallu ! a-t-il éclaté avant que je puisse ajouter un mot. Tout le monde rit de toi si tu ne le fais pas. »

J'avais envie de répondre : « Alors, si quelqu'un rit de toi parce que tu ne sautes pas du pont de Brooklyn, vas-tu sauter ? » J'ai plutôt dit :

« Donc, tu subis beaucoup de pression de la part de tes copains.

- Et comment ! Tu devrais entendre comment ils appellent ceux qui refusent de boire. »

Je lui ai dit que je voyais à quoi il devait faire face, mais j'ai aussi ajouté :

« Tu connais mon opinion sur les drogues ; et l'alcool est une drogue. Même si c'était légal de boire à ton âge, je m'y opposerais. Tu m'as déjà dit que tu n'aimais pas que je sois « ton maître ». Mais ce que j'ai observé chez les jeunes et les adultes qui boivent, c'est que l'alcool finit parfois par être leur maître.

- Que veux-tu que je fasse ? a-t-il demandé, sur un ton agressif. Que je dise des niaiseries comme : « Je n'en ai pas besoin ; c'est la vie qui me fait planer » par exemple ?

- C'est ce qui t'embête ? ai-je demandé. Savoir refuser tout en continuant à faire partie du groupe ? »

Zacharie a haussé les épaules, mais je savais que j'avais tapé dans le mille. Pendant le reste du trajet, nous avons jonglé avec différentes répliques dont il pourrait se servir pour refuser un verre de façon diplomatique. Celle que Zacharie a trouvé la moins ringarde, c'est : « Merci, peut-être plus tard. » Et si la pression se maintenait, il mettrait son refus sur le dos de ses parents autoritaires : « Tu ne connais pas mon père. Il me tuerait s'il s'apercevait que mon haleine sent l'alcool. Il me garderait à la maison le reste de mes jours ! »

Zacharie a trouvé la dernière réplique très drôle. Ensuite, quand je l'ai déposé pour son match, il m'a lancé très fort : « Merci, papa ! »

1. Faut-il passer par toutes les étapes du processus de résolution de problèmes pour obtenir des résultats ?
Pas nécessairement. Une enseignante nous a décrit comment Sébastien, 9 ans, élève sérieux et assidu, se mettait en colère quand les autres enfants de son groupe de sciences perdaient leur temps ou s'arrêtaient de travailler, ne serait-ce que pour quelques minutes. Un jour, perdant tout contrôle, il a lancé livres et papiers par terre. L'enseignante a décidé que l'incident justifiait le recours à un processus complet de résolution de problèmes.

Elle s'est assise avec lui et elle a commencé en disant :
« Sébastien, je vois combien tu deviens irrité quand les autres enfants de ton groupe se mettent à badiner. Quand tu commences une activité, tu n'aimes pas qu'on t'interrompe.

- Ouais ! a-t-il répondu presque aussitôt. Parce que je veux la terminer et qu'ils me font oublier ce que je suis en train de faire. »

Après une courte pause, il s'est levé et a demandé :
« Quand ils commencent à s'amuser, je peux me rendre à la table à l'arrière de la classe et travailler seul ? L'enseignante était vraiment surprise.

- Tu penses que ce serait utile ?
- Oui, a-t-il fait en hochant la tête. Ça m'évitera d'être trop en colère et de lancer des choses. »

C'est ainsi que Sébastien s'en est tiré depuis.

2. Denise, une de mes élèves, ne peut jamais se rappeler qu'elle doit apporter ses livres à l'école. J'ai essayé la méthode de la résolution de problèmes avec elle, mais je n'ai eu aucun succès. Elle s'est contentée de plaisanter et de faire l'idiote. Auriez-vous des suggestions ?

Si un enfant ne répond pas à vos tentatives de résolution de problèmes, vous pouvez vous servir, comme substitut efficace, d'une note rédigée selon les mêmes principes. Par exemple, vous pourriez écrire :

Chère Denise,

Tu m'as dit que tu peux difficilement te souvenir d'apporter tes livres à l'école et que parfois, tu oublies « tout simplement ». Il faut que tous mes élèves aient leurs livres en main chaque jour, pour pouvoir suivre.

S'il te plaît, essaie de trouver une façon de te souvenir d'apporter tes livres chaque matin. Je vais y réfléchir moi aussi. Puis, nous échangerons nos idées pour voir laquelle te conviendrait le mieux.

Bien cordialement,
G.

3. Quand l'enseignant et l'élève réfléchissent à des solutions possibles, est-ce vraiment nécessaire de les écrire ? N'est-ce pas suffisant de simplement se les dire l'un à l'autre ?

C'est parfois suffisant. Cependant, on ne doit pas sous-estimer la montée de fierté et de plaisir qui envahit l'enfant quand il voit son enseignant s'intéresser à ses idées au point de les mettre par écrit. La vue de ses propres paroles sur le papier lui donne une évaluation visuelle de son processus de réflexion et lui insuffle le goût de continuer à penser d'une manière créative

4. La semaine dernière, je faisais une résolution de problèmes avec une élève à propos de ses retards chroniques. Nous avons fait des progrès constants jusqu'à ce que nous atteignions l'étape où nous devions faire ensemble un remue-méninges. J'ai tout de suite proposé deux excellentes suggestions. Elle s'est tue immédiatement. Où est l'erreur ?

Après avoir demandé à l'enfant de faire un remue-méninges avec vous, c'est toujours une bonne idée d'attendre. Faites en sorte qu'il soit le premier à présenter quelques idées. Votre silence est une invitation, une marque de respect, une façon de souligner que les idées ont besoin de temps pour se former et se développer. Quand l'adulte prend trop vite les devants, même si ses suggestions sont toutes «géniales», l'enfant se sent souvent moins capable de produire à son tour une excellente suggestion.

5. Je m'inquiète de l'augmentation des cas de violence dans mon école. Parfois, les motifs sont aussi futiles qu'un regard de travers. Puisque la méthode de résolution de problèmes semble si efficace quand l'enseignant l'applique en salle de classe, pourquoi ne pas apprendre aux enfants à s'en servir entre eux ?

Vous serez heureuse d'apprendre que, partout au pays, des élèves sont formés à la résolution de conflits grâce à des programmes qui commencent à la maternelle et se poursuivent jusqu'à la fin du secondaire. Étant donné que les conflits entre les êtres humains sont inévitables, un nombre croissant d'éducateurs sont convaincus qu'il est tout aussi important pour les enfants d'apprendre à faire face à leurs différends et à les régler de façon pacifique que d'apprendre les maths ou les sciences sociales. Voici ce que rapportent les enseignants des écoles où ces programmes sont implantés :

Ce que j'aime dans ce programme, c'est que les enfants éteignent leurs propres feux. J'ai donc plus de temps pour l'enseignement.

J'adore voir ces élèves de dix et onze ans se promener avec leurs planchettes à pince et leurs tee-shirts oranges de «gestionnaires de conflits». Depuis que nous avons commencé à former les jeunes, la cafétéria, le terrain de jeu et les salles de classe sont devenus des endroits beaucoup plus paisibles.

Je suis surpris de constater comment, après un atelier de quinze heures, certains des enfants les plus insoumis sont devenus les meilleurs médiateurs de l'école. Je crois qu'ils réussissent mieux que nous avec les jeunes «impulsifs» parce qu'ils parlent le même langage.

Un consensus semble se dessiner : parce qu'ils possèdent les compétences requises pour s'écouter les uns les autres avec respect et pour traiter le conflit comme un problème à résoudre plutôt qu'une bataille à remporter, ces jeunes représentent notre plus grand espoir de paix mondiale.

Récits d'enseignants

Le premier récit démontre comment le procédé de résolution de problèmes a aidé une enseignante à trouver les causes profondes du problème.

Jennifer, 12 ans, est une charmante élève, sauf pendant le cours de mathématiques. Elle se transforme alors en bébé pleurnichard, exigeant, incapable de travailler par elle-même. Un vrai cas de phobie des maths !

Tout au long de l'année scolaire, j'ai essayé toutes les stratégies que je connaissais pour lui donner de l'assurance. Je l'ai même fait évaluer afin qu'elle ait droit à de l'aide supplémentaire au besoin, mais ses résultats étaient supérieurs au seuil qui donne accès à la salle des ressources. J'ai fini par ne plus lui porter attention. Le résultat ? Elle s'est arrêtée tout net de travailler. En désespoir de cause, j'ai décidé de prendre la voie de la résolution de problèmes. Voici ce qui s'est passé.

Moi :   Jennifer, je sais que tu t'en fais beaucoup à propos des maths.

Jennifer :   C'est vrai. Je les déteste !

Moi :   Parce que certaines parties te semblent trop difficiles ?

Jennifer :   Oui… Et je fais des erreurs.

Moi :   Et cela te bouleverse.

Jennifer :   Oui ! Parce que vous allez vous mettre en colère contre moi. L'an dernier, M. G. criait après moi à cause de ma stupidité et de toutes mes erreurs.

J'étais stupéfaite.

Moi :   C'est ce qui te préoccupe ? Tu crois que je vais crier moi aussi ?

Jennifer :   *(les yeux pleins d'eau)* Oui ! Oui !

Moi :   *(en lui prenant la main)* Jennifer, tu dois te donner la permission de faire beaucoup d'erreurs. C'est une chose que savent tous les bons élèves. Les erreurs peuvent être utiles. Agaçantes, mais utiles.

Jennifer :   Utiles ?

Moi :   Oui, parce qu'elles t'indiquent ce qui te reste à apprendre. De plus, une erreur peut parfois entraîner une découverte. Regarde ce que Christophe Colomb a découvert en faisant une erreur.

Jennifer :	*(avec un grand sourire)* L'Amérique ! Vous ne serez donc pas fâchée si je n'ai pas la bonne réponse ?
Moi :	Non, Jennifer. Je souhaiterais juste que tu puisses trouver une manière de faire tes maths sans te préoccuper autant de « la bonne réponse ».
Jennifer :	Je pourrais peut-être essayer de trouver la réponse toute seule… mais si je ne peux pas… ?
Moi :	Je t'aiderai. Et si je suis occupée, ton amie Claudia pourrait peut-être t'aider.

Au cours des semaines suivantes, j'ai vu Jennifer travailler seule, plus longtemps et plus fort. Elle a demandé de s'asseoir près de Claudia, mais elles ne comparaient pas leurs réponses avant que Jennifer ait terminé son travail. À mon avis, ce qui l'a aidée à franchir le pas, ce n'est pas tant d'être assise près d'une amie que de savoir qu'une erreur n'est pas une catastrophe.

Le dernier exemple provient d'une enseignante en éducation spéciale qui a enseigné dans une école de banlieue à problèmes . Voici ce qu'elle raconte : « Un grand nombre de mes élèves ont subi des mauvais traitements physiques et affectifs. Quand ils arrivent à l'école, ils sont comme des pétards, prêts à exploser. Impossible de terminer mon cours avant que la querelle éclate. Il suffit que l'un d'entre eux lance : " Tu es idiot ! " ou " Et ta sœur ? " ou encore qu'il donne un coup de pied sous la table et c'est la fin de la leçon. »

Malgré ses doutes, elle a décidé d'essayer la résolution de problèmes pour voir ce qu'elle pourrait en tirer. Voici des extraits de son rapport écrit.

Je me suis dit que, si la première étape de la résolution de problèmes consiste à trouver comment les jeunes se sentent réellement par rapport aux querelles, je devrais commencer par leur demander ce qu'ils y trouvaient de valable. Voici la liste que nous avons dressée.

LES BONS CÔTÉS DES QUERELLES
1. Rendre les coups! *(Sans conteste, la réponse qui revenait le plus souvent.)*
2. Attirer des ennuis à quelqu'un
3. Provoquer l'autre à te pourchasser
4. Les réponses insultantes sont drôles
5. Ils te ficheront la paix
6. Tu en as le goût
7. Les autres ont commencé
8. Le cours est ennuyeux (contribution de l'enseignante)
9. Mettre quelqu'un en colère
10. C'est marrant de jouer rude

Ils étaient plutôt turbulents pendant que nous rédigions la liste. J'ai ensuite demandé: «Quels sont les mauvais côtés des querelles.» Voici ce qu'ils ont trouvé.

LES MAUVAIS CÔTÉS DES QUERELLES
1. Après une querelle, t'es embêté si c'est contre ton ami
2. Tu peux avoir des ennuis – avec ta mère, l'enseignante, le directeur
3. L'enseignante devient de mauvaise humeur *(contribution de l'enseignante)*
4. Tu peux faire mal à quelqu'un
5. Tu peux te faire renvoyer
6. Tu n'es pas en train de t'instruire *(contribution de l'enseignante)*
7. Ça peut commencer une plus grosse chicane

8. Tu peux te faire blesser, battre, égratigner, mordre, attraper un œil poché

Nous nous sommes ensuite mis au travail pour tenter de trouver des solutions. J'y ai réfléchi à deux fois avant d'écrire certaines de leurs suggestions, mais je me suis souvenue qu'il est important d'éviter de rejeter une seule de leurs idées.

SOLUTIONS POSSIBLES
1. Demander la permission de sortir pour laisser s'échapper la vapeur
2. Le frapper
3. S'éloigner
4. Pétrir de la pâte à modeler très fort
5. Serrer des crispateurs
6. Casser un bâton
7. Appeler sa mère
8. Les laisser se bagarrer dans le gymnase sans témoin
9. Le dire à l'enseignante
10. Changer de place
11. Lui dire de me ficher la paix
12. L'envoyer chez le directeur
13. Lui faire écrire quelque chose 100 fois
14. Lui faire lécher le sol
15. Tout le monde lui donne un coup
16. Donner des autocollants à ceux qui suivent le règlement
17. Lui écrire quelque chose de méchant
18. Lui répondre par une gentillesse pour le gêner

Après avoir dressé cette liste de 18 points, j'en ai commenté quelques-uns. Par exemple, j'ai dit aux élèves que je ne pouvais pas leur permettre de se battre, parce que je ne voulais pas qu'ils se fassent mal. De plus, lécher le sol ne me semblait pas très hygiénique. Ils avaient tous des convictions très fermes à propos du reste de la liste, chacun ayant ses préférences pour différentes solutions. Après avoir prolongé la discussion et ajouté d'autres suggestions, nous avons décidé que chaque élève devrait noter dans son cahier les solutions qui lui paraissaient les plus sensées.

À la fin de la leçon, nous avons écrit au tableau les règles sur lesquelles nous étions tous d'accord.

1. Aucune insulte
2. Aucun juron
3. Ne pas rapporter ce que font les autres à moins qu'ils te harcèlent
4. Ne pas frapper les autres ni lancer d'objets
5. Utiliser vos propres solutions

Voici ce qui en a résulté.

- Louis, celui qui est le plus 'soupe au lait', sort de la classe plusieurs fois par semaine. Il reste sur le pas de la porte afin de ne rien manquer. Après un certain temps, il revient et s'assied au fond de la salle. Puis, au bout de quelques minutes, il nous rejoint.
- De temps à autre, un élève bondit et dit : « Carlos, change de place avec moi ! » et chacun s'assied dans le siège de l'autre. (Carlos cède toujours son siège sans faire d'histoires.)
- À deux reprises, un élève a vigoureusement pétri de la pâte à modeler.
- Une fois, Denis a dit : « Donnez-lui de la pâte pour qu'il la pétrisse ! »
- Quand un élève en insulte un autre, la classe lui crie : « Règlement numéro un ! » ou encore « Règlement numéro deux ! » Il disent aussi : « Faites-lui lire les règlements ! » et le 'coupable' s'exécute.

- Ils ont aussi décidé qu'ils n'insulteraient même pas la poubelle. (Quand Denis a dit : « Et ta sœur ? » en s'adressant à la poubelle, Louis a cru qu'il s'adressait à lui et ils se sont mis à se disputer. La classe a donc ajouté un nouveau règlement : ne pas injurier les objets.)

J'aimerais pouvoir dire que la mise en pratique de la méthode m'est venue tout naturellement. Ce n'est pas le cas. Il m'a fallu réfléchir, faire des efforts et y consacrer beaucoup plus de temps que je ne l'aurais voulu. Il m'aurait été beaucoup plus facile d'abandonner ces enfants à leur sort en les classant dans la catégorie des « incorrigibles » ou des « cas désespérés ». Pourtant, en les traitant comme des personnes capables de résoudre des problèmes, ils sont devenus capables de trouver des solutions.

5

Complimenter sans écraser ;
critiquer sans blesser

« Veuillez vous asseoir. Nous avons beaucoup de choses à discuter. » Je remuais nerveusement sur mon siège, en face du bureau du directeur.

« Madame Landry, comme vous le savez sûrement, pendant vos trois premières années d'enseignement, vous êtes engagée à l'essai. C'est une période probatoire. »

Mes pensées se sont bousculées dans ma tête. Période probatoire ! La probation n'est-elle pas associée aux criminels reconnus coupables ?

« Pendant trois ans, a-t-il poursuivi, vous subirez chaque année au moins trois évaluations. Nous en sommes à la première. Sachez que vous me paraissez avoir beaucoup de potentiel… mais vous aurez à travailler pour mériter votre permanence d'emploi. Le temps est venu d'apprendre à partir de vos erreurs. Regardons la leçon de lundi pour voir vos erreurs. »

Tendant le bras vers un classeur, il en a retiré une chemise portant la mention « En période probatoire » écrite en majuscules au tampon encreur rouge. Puis, il s'est penché en arrière dans son fauteuil, les lunettes en équilibre sur l'arête du nez, et il a feuilleté les nombreuses notes qu'il avait prises pendant que je donnais ma leçon en sa présence.

« Voyons cela… Je crois que votre leçon avait pour but de montrer aux élèves à écrire une lettre. C'est bien cela ?

- Oui, M. Tremblay. (Où voulait-il en venir ?)

- Vous avez dit aux élèves que vous aviez un livre contenant les noms et adresses de personnes célèbres et qu'ils pourraient écrire à la personne de leur choix. C'est la première erreur que vous avez commise. Dès qu'ils ont su qu'ils pouvaient entrer en contact avec une célébrité, ils ont cessé de vous écouter et se sont mis à parler entre eux. Vous les avez perdus. Au lieu de se concentrer sur les règles de rédaction d'une lettre, ils ont discuté des célébrités. À l'avenir, je vous suggère de consulter les lignes directrices du district avant de prendre des décisions concernant le programme. Si vous suivez ces lignes directrices, vos élèves seront mieux préparés aux examens de l'État, au printemps. À titre d'employée du district, vous devez enseigner selon les normes prescrites. »

J'ai essayé de me défendre. « Je croyais leur avoir donné un peu le goût d'écrire une lettre.

- Cela m'amène à mon deuxième point. Les élèves ont exprimé leur enthousiasme par de nombreux gestes inopportuns. Au cours des trente minutes de votre leçon, ils ont fait circuler trois notes, certains ont fait du bruit avec la bouche, quelqu'un a tapé sur son pupitre et un élève s'est levé pour aller parler à un camarade. Étiez-vous consciente de toute cette activité au fond de la classe ?

- Euh ! Oui… mais les élèves étaient juste un peu excités, M. Tremblay. »

Il s'est incliné vers l'avant dans son fauteuil.

« Madame Landry, nous avons des normes précises de conduite en salle de classe. Vous n'êtes peut-être pas consciente de la rapidité avec laquelle un problème peut prendre de l'ampleur. Les élèves de cet âge sont très instables. Si on ne les oblige pas à se tenir tranquilles, la situation peut facilement dégénérer. Même en utilisant l'idée des lettres adressées à des célébrités, on peut apporter des améliorations. Je vous suggère de concentrer votre leçon sur la façon d'écrire correctement une lettre et de passer moins de temps à discuter des célébrités que vos élèves admirent. »

La voix de la secrétaire a retenti à l'interphone.

« M. Tremblay, le surintendant est au téléphone. Voulez-vous lui parler ou dois-je lui demander s'il veut vous laisser un message ?

- Je ferais mieux de lui parler, a répondu M. Tremblay en regardant sa montre et en feuilletant ses autres notes. Eh bien... j'ai encore plusieurs autres points à discuter avec vous, mais vous avez peut-être suffisamment de choses à surveiller pour le moment. Je vous suggère une séance d'observation dans la classe de Madame Haché. C'est une bonne enseignante. Dans sa classe, on pourrait entendre une mouche voler. Fixons une autre rencontre demain, afin d'achever d'aplanir vos difficultés. »

De retour dans ma classe vide, la porte fermée derrière moi, j'ai feuilleté distraitement la pile de papiers sur mon pupitre. Puis, les larmes me sont montées aux yeux. N'avait-il rien trouvé de valable dans ma leçon ? Bien sûr, les enfants avaient été un peu chahuteurs, mais je préfère les voir excités à cause d'un sujet qu'écrasés dans leur siège, l'air comateux. Je voulais qu'ils s'intéressent à ce qu'ils écrivent, peu importe qu'ils s'adressent à une célébrité, à un ami ou à un député. Le fond n'est-il pas tout aussi important que la forme ? J'ai jeté un second regard sur les lettres qui n'étaient pas encore corrigées et qui s'entassaient sur mon bureau ; puis j'ai pris mon crayon rouge, mais je l'ai aussitôt déposé. Je n'avais aucune envie de corriger ces copies. Aucune envie d'enseigner. Aucune envie de jamais remettre les pieds dans cette classe.

J'ai entendu frapper à la porte. C'était Maria, qui portait un dossier rempli de dessins d'élèves.

« Désolée de te déranger, a-t-elle dit avec entrain. Pourrais-je emprunter ton agrafeuse ?

- Certainement.

- Ça va ? a-t-elle demandé, en me fixant du regard.

- Je viens de passer un après-midi difficile. Je ne sais pas... Je commence à croire que j'aurais dû me diriger vers les affaires plutôt que vers l'enseignement.

- Comment peux-tu dire une chose pareille ? Tu es une enseignante extraordinaire. Une des meilleures ! Je trouve que tu es exceptionnelle ! »

J'ai levé les yeux vers Maria. Elle me souriait en scrutant mon visage, à la recherche de mon propre sourire. J'ai réussi à murmurer : «Merci, Maria» en lui tendant l'agrafeuse.

Un moment après son départ, Jeanne est entrée.

«Tu ressembles à quelqu'un qui aurait reçu un coup de pied à l'abdomen, a-t-elle observé.»

Je me suis dit que je devais me conduire de façon professionnelle et éviter d'accabler Jeanne de mes problèmes. Mais en voyant la tête qu'elle faisait, je n'ai pu m'empêcher de lui raconter toute l'histoire. Jeanne a écouté en secouant la tête avec sympathie.

«Et par-dessus le marché, ai-je ajouté à travers mes larmes, il a dit que j'étais trop vivante, que je manquais de discipline et que je devrais aller dans la classe de Madame Haché pour observer comment s'y prend une bonne enseignante.

- Madame Haché ? a demandé Jeanne d'un ton sarcastique.

- Il a ajouté que, dans sa classe, on pouvait entendre une mouche voler.

- C'est parce que les enfants sont endormis.

- Jeanne, ai-je protesté, ne prends pas les choses à la légère. Il m'a enlevé tout courage.

- Je sais… Je sais. C'est que je suis furieuse que tu aies été soumise à la conception tordue qu'a Tremblay de la critique constructive.

- Maria vient juste de sortir, ai-je poursuivi en reniflant. Elle est si gentille. Elle a essayé de me remonter le moral. Elle a dit que j'étais une enseignante extraordinaire.

- Mais tu ne l'as pas crue.

- J'aurais bien voulu. Mais quand elle a dit cela, je n'ai pu m'empêcher de penser à toutes les fois où je n'ai pas été aussi formidable.

- Eh oui, c'est souvent le cas, semble-t-il, a soupiré Jeanne. La critique peut être démoralisante. Quant aux éloges du genre : Tu es formidable… extraordinaire… merveilleuse, c'est tellement excessif que personne n'y croit.

- Je sais. J'avais le goût de répondre à Maria qu'elle se trompait sur toute la ligne à mon sujet.

- Parce que c'est difficile d'accepter un compliment aussi excessif. As-tu déjà observé comme on devient mal à l'aise quand on se sent évalué ? Pour ma part, si quelqu'un me déclare bonne, jolie ou intelligente, je ne peux m'empêcher de penser à toutes les occasions où j'ai été mauvaise, où je me suis sentie laide, où j'ai fait une gaffe.

- C'est exactement ce qui est arrivé ! Comme Maria insistait pour dire que j'étais la meilleure, je me suis rappelé que lundi dernier, je suis arrivée à l'école fatiguée, mal préparée, terrifiée à l'idée que le directeur puisse me faire une visite surprise.

- Les intentions de Maria étaient bonnes, a enchaîné Jeanne en riant aux éclats. Les gens ont toujours de bonnes intentions quand ils font des compliments. Ils ne savent tout simplement pas comment s'y prendre.

- Que devrait-on savoir ?

- Qu'au lieu d'évaluer ce qu'a fait la personne, il faudrait en faire la description.

- Le décrire ?

- Exactement. Il faut décrire ce que la personne a fait, en détail, avec précision.

- Je ne comprends pas. Donne-moi un exemple.

- D'accord, a-t-elle répondu en me regardant attentivement. Lise, tu devais enseigner à ta classe comment écrire une lettre officielle. Tu aurais facilement pu te contenter de donner une leçon ordinaire. Mais tu savais que les termes techniques tels que « titre de civilité, appel et salutation » n'intéressent guère les enfants. Tu as donc pensé à ton affaire et tu as trouvé une façon d'allumer l'imagination de tes élèves et de les faire écrire avec passion, dans un but précis, tout en respectant les règles.

- Voilà exactement ce que j'ai fait ! me suis-je exclamée en me redressant sur ma chaise. La leçon aurait facilement pu devenir ennuyeuse, mais j'ai réussi à passionner les enfants et à les faire participer. Et ils ont vraiment appris à écrire une lettre officielle… Tu sais, je me moque de ce qu'on pourrait dire. C'était une très bonne leçon.

- Voilà ! a poursuivi Jeanne, triomphalement. Regarde ce qui vient de se produire ! Je me suis contentée de décrire ce que tu as fait. En voyant la vérité apparaître dans mes paroles, tu t'en es accordé le mérite. »

Maria était de retour avec l'agrafeuse. Elle s'est excusée de nous interrompre.

« Maria, ne pars pas, ai-je dit. Il faut que tu entendes ce que Jeanne vient de me dire à propos des compliments. Je veux savoir ce que tu en penses. Jeanne, redis-le, s'il te plaît. »

Jeanne s'est pliée à mon désir. Elle a dit à Maria que les enfants ont de la difficulté à accepter un compliment qui les évalue. Puis, elle a ajouté :

« Dire à un enfant : 'Tu t'organises vraiment bien' entraîne habituellement : 'Pas vraiment'. Mais il existe une sorte de compliment que l'enfant peut intégrer et qui crée véritablement l'estime de soi. Il comporte deux parties. D'abord, *l'adulte décrit ce qu'a fait l'enfant.* ('Je vois que tu es fin prêt pour l'école demain. Tu as fait tous tes devoirs, taillé tes crayons, rangé tes livres. Ton goûter est même prêt.') Ensuite, *après avoir entendu la description de sa conduite, l'enfant fait son propre éloge.* ('Je sais m'organiser et m'y prendre d'avance.') »

Maria semblait bouleversée.

« Je ne comprends pas. Tout ce que je sais, c'est que la façon dont on m'a élevée était déficiente. Ma mère et mon père croyaient qu'on ne doit pas louanger un enfant en sa présence, de peur qu'il attrape la grosse tête. Mais je crois qu'on devrait complimenter les enfants. Ça les aide à être fiers d'eux-mêmes. Je dis toujours à Marco et à Anna-Ruth qu'ils sont de bons enfants et qu'ils sont intelligents.

- Ainsi, tu veux que tes enfants reçoivent ce que tu n'as jamais reçu, a répondu Jeanne avec beaucoup de douceur.

- Peut-être que j'exagère, a acquiescé Maria en fermant les yeux. Quand je dis à Marco que je le trouve intelligent, il répond : « Raphaël est plus intelligent ». Quand je dis à Anna-Ruth qu'elle est une grande violoniste, elle réplique : « Maman, j'en ai assez de tes vantardises à mon sujet ! »

- C'est ce que je tente d'expliquer, a enchaîné Jeanne. Les éloges qui comportent une évaluation rendent les enfants très mal à l'aise. Ils les dédaignent. Parfois, ils se comportent mal de façon délibérée, juste pour prouver qu'on a tort.

- Oh ! Mon Dieu ! a répliqué Maria en me fixant du regard. Je viens de comprendre ce qui s'est passé quand j'ai aidé M. Poirier dans sa classe, hier.

- Que veux-tu dire ?

- Un des élèves, Bertrand, rend tout le monde fou ; pour une rare fois, il s'était assis sur sa chaise et avait terminé son travail. Alors, je lui ai donné une petite tape dans le dos en lui disant qu'il était sage. Je croyais ainsi l'encourager dans sa bonne conduite, mais non. Il s'est mis à loucher, à faire pendre sa langue d'un côté de la bouche, puis il s'est laissé tomber par terre. Je n'y comprenais rien.

- Et maintenant, tu comprends ? ai-je demandé, confuse.

- Eh bien, selon ce que Jeanne vient de dire, il fallait qu'il neutralise mon compliment. Je l'avais rendu trop nerveux. Il ne pouvait pas être à la hauteur. Il fallait qu'il démontre qu'il n'était pas vraiment sage.

- Mais, ai-je protesté, il avait été sage. À ce moment-là.

- Maria aurait pu décrire le moment en question, a enchaîné Jeanne.

- Oui, d'accord, a poursuivi Maria. J'aurais peut-être dû lui dire… »

Ce fut le début d'une discussion longue et animée entre nous trois. Il s'est avéré plus difficile que nous l'avions prévu de décrire les réalisations de l'enfant au lieu de l'évaluer par un mot tel que «bon ou merveilleux». Ce n'était pas parce que la description est difficile en soi, mais parce que nous étions si peu habituées à l'utiliser. Toutefois, une fois lancées dans l'observation attentive des réussites de l'enfant et dans la recherche de mots exprimant ce que nous avions vu ou ressenti, l'exercice devenait de plus en plus facile et notre plaisir allait en augmentant. Dans les deux prochaines pages, sous forme de bandes dessinées, nous présentons quelques-uns des exemples que nous avons trouvés pour montrer aux parents et aux enseignants comment utiliser le compliment descriptif.

Le compliment descriptif à la maison

Au lieu d'une évaluation   *Une description*

Au lieu d'une évaluation   *Une description*

Au lieu d'une évaluation   *Une description*

Le compliment descriptif en classe

Au lieu d'une évaluation　　　　　　　*Une description*

Au lieu d'une évaluation　　　　　　　*Une description*

Au lieu d'une évaluation　　　　　　　*Une description*

En examinant les exemples que nous avions trouvés, il nous est venu bien d'autres idées.

Moi : C'est tout un travail d'utiliser le compliment descriptif, n'est-ce pas ? Si on veut dire à un enfant ce qu'on voit ou ce qu'on ressent, il faut alors regarder très attentivement. C'est plus facile de dire : « Super ! Fantastique ! Formidable ! » On n'a même pas besoin de réfléchir pour faire ce genre de compliment.

Jeanne : C'est vrai. Le compliment descriptif est plus difficile et prend plus de temps, mais pense à tous les bénéfices qu'en retire l'élève !

Maria : Je comprends ce que vous dites, mais si un enfant a toujours reçu des critiques et jamais de compliments, le fait d'entendre : « Tu es un garçon sage » ne vaut-il pas mieux que rien du tout ?

Jeanne : Quand un enfant est affamé, la barbe à papa vaut mieux que rien du tout. Mais pourquoi se contenter de si peu ? Nous voulons donner à nos enfants le genre de nourriture affective qui les aidera à devenir des êtres autonomes, capables de penser et d'agir de façon créative. Si nous les entraînons à rechercher constamment l'approbation des autres, quel message sommes-nous en train de leur transmettre ?

Moi : Tu ne peux pas te faire confiance. Tu as besoin de l'opinion de tout le monde pour connaître la valeur de tes gestes.

Maria : Ce n'est pas un bon message, n'est-ce pas ?

Jeanne : Non, car nous désirons que nos enfants se fient à leur propre jugement, qu'ils aient suffisamment confiance en eux-mêmes pour pouvoir se dire : « Je suis satisfait ou insatisfait de ce que j'ai accompli ». Et pour faire des corrections ou des ajustements basés sur leur propre évaluation.

Ce soir-là, j'ai été étonnée de m'apercevoir que j'avais hâte de lire et de corriger les lettres rédigées par mes élèves. La première m'a agréablement surprise. Au lieu de : « Très bien ! » j'ai écrit : « J'ai eu du plaisir à te lire. Phrases clairement reliées au thème et exemples frappants de la façon dont Michael Jordan a influencé ta vie ». La deuxième lettre ne m'a pas déçue non plus. J'ai écrit : « Exploration réfléchie des problèmes des sans-abri. D'après moi, le président trouvera très intéressante la proposition originale que tu lui fais. »

J'étais gonflée d'orgueil en constatant la grande qualité des écrits de mes élèves et je me suis attribué le mérite d'en avoir été l'inspiratrice. (Tant pis pour vous, M. Tremblay !) La copie suivante semblait sortie de la plume d'un élève de sept ans. C'était la lettre que Mélissa adressait à Barbra Streisand ; elle couvrait à peine une demi-page. J'ai pris mon crayon rouge et j'ai écrit : « Travail médiocre. Éléments absents : adresse et date. Fautes d'orthographe. Manque de développement. »

En regardant à nouveau mes commentaires pleins de colère, écrits en grosses lettres rouges, j'ai pensé : « Comment puis-je faire cela à Mélissa ? » C'était le genre de critique que M. Tremblay m'avait lancé. Je me suis arrêtée pile. Ce n'est pas difficile de louanger ce qu'on aime, mais comment critiquer ce qu'on n'aime pas ? Comment peut-on souligner les erreurs sans démoraliser la personne que l'on critique ? Comment M. Tremblay aurait-il pu m'exprimer son mécontentement sans me décourager complètement ?

Mon regard s'est tourné vers la fenêtre. S'il avait d'abord souligné les quelques bons points de ma leçon, j'aurais peut-être pu entendre ce qui le contrariait sans m'effondrer. S'il avait dit, par exemple : « Lise, vous avez atteint vos objectifs.

Vous avez motivé vos élèves à apprendre comment écrire une lettre. Ce qu'il vous faut améliorer maintenant, c'est la façon de stimuler l'enthousiasme de vos élèves tout en maintenant l'ordre. » S'il avait dit cela, j'aurais été capable de l'entendre. Et, ce qui est encore mieux : j'aurais réfléchi sérieusement aux façons d'empêcher que l'excitation des élèves dépasse les bornes à l'avenir.

C'était peut-être la clé permettant d'aider les enfants à s'améliorer. Au lieu de mettre l'accent sur les erreurs, commencez par reconnaître ce que l'enfant a réussi Puis, attirez son attention sur ce qu'il lui reste à faire.

Très bien. Maintenant, que pourrais-je écrire sur la copie de Mélissa ? Elle n'avait rien réalisé du tout. En étais-je bien certaine ? J'ai regardé de nouveau et j'ai trouvé.

À l'aide de ma gomme à effacer, j'ai fait une vilaine tache rouge sur la copie de Mélissa. Puis, j'ai inscrit à l'encre mes nouveaux commentaires. « J'aime la phrase : 'Tu es la préférée de mes préférées.' Je crois que Mme Streisand l'aimera, elle aussi. Je pense qu'elle prendrait aussi plaisir à voir un exemple précis de ce que tu admires chez elle. Relis ta copie, s'il te plaît, en t'assurant que tous les mots soulignés sont bien orthographiés et que tu as inclus la date et l'adresse à l'intérieur. J'ai hâte de lire ta lettre corrigée. »

J'avais l'impression d'être tombée sur un principe important. Certes, nous pouvons tous – enseignants, élèves, parents – profiter du point de vue objectif d'une personne de l'extérieur qui nous indique comment nous améliorer. Mais avant même de songer à faire des changements, nous avons besoin de croire que nous avons plus de bons points que de mauvais, et que nous avons la capacité de corriger ce qui ne va pas. Pour m'aider à voir comment cette théorie s'appliquerait dans d'autres situations, j'ai imaginé deux exemples qui pourraient survenir, l'un dans le contexte de la maison et l'autre à l'école.

Pour remplacer la critique

À LA MAISON

*Au lieu de souligner
ce qui ne va pas*

*Décrivez ce qui a été fait
et ce qu'il reste à faire*

À L'ÉCOLE

*Au lieu de souligner
ce qui ne va pas*

*Décrivez ce qui a été fait
et ce qu'il reste à faire*

Au cours des semaines suivantes, je me suis souvent surprise à réfléchir aux compliments et aux critiques. La 'critique constructive' de M. Tremblay m'avait blessée et découragée. Le compliment excessif de Maria ne m'avait pas convaincue et m'avait laissé l'impression qu'il n'était pas mérité. Mais grâce à sa simple description de ce que j'essayais d'accomplir, Jeanne m'avait remise d'aplomb; elle m'avait redonné confiance en moi-même et elle m'avait poussée à vouloir faire encore mieux la prochaine fois.

Quel procédé à la fois simple et surprenant! Je suppose que ce que Jeanne avait fait dans mon cas, c'est précisément ce que nous devrions tous faire les uns pour les autres pour nous entraider à surmonter les défis qui se présentent dans nos vies.

- Les enseignants ont besoin de soutien dans leurs efforts en vue de répondre aux besoins de tous leurs élèves.
- Les parents ont besoin de soutien dans les difficultés quotidiennes qu'ils éprouvent en élevant leurs enfants.
- Les enfants ont besoin de soutien quand ils essaient de comprendre leur monde et d'y trouver leur place.

Dans ma conception d'un monde idéal, nous serions tous présents les uns aux autres, en train de refléter, comme dans un miroir, les efforts et les réussites de chacun, de sorte que tous sentent qu'on les voit et qu'on reconnaît leur valeur.

Aide-mémoire

L'enfant :   *Écoute mon poème. Ça parle d'un train.*
               Dis-moi s'il est bon.
L'adulte :   *Magnifique ! Tu es un grand poète.*

Au lieu d'évaluer l'enfant, vous pouvez :

1. Décrire ce que vous voyez ou ce que vous entendez.
   « *Tchic-et-tchic-et-clac, ça ressemble vraiment au rythme
   d'un train. Tu as aussi trouvé le tour de faire rimer bruit
   de ferraille avec rail.* »

2. Décrire ce que vous ressentez.
   « *J'ai l'impression d'être assise dans un train qui file à
   travers la campagne.* »

L'adulte :   « *Regarde ces fautes d'orthographe ! Tu
               peux faire mieux.* »

Au lieu de critiquer, vous pouvez :

3. Attirer l'attention sur ce qui reste à faire.
   « Tout ce qui manque à ce poème, maintenant, c'est
   l'orthographe correcte de fourgon et de cargaison. On
   pourra ensuite le placer au tableau d'affichage. »

Questions et récits provenant de parents et d'enseignants

QUESTIONS DE PARENTS

1. Mon fils est un enfant formidable et je le complimente continuellement. Mais hier, il m'a dit : « Maman, tu fais trop de cas de moi. » Est-il vraiment possible d'abuser des éloges ?

La réaction de votre fils n'est pas inhabituelle. Le flot incessant de commentaires à propos de leur conduite met la plupart des enfants très mal à l'aise – même si tous les commentaires sont positifs. Ils se sentent sous surveillance continue. D'autres enfants ont une réaction très différente au fait d'être tout le temps remarqués. Ils deviennent tellement habitués à entendre des commentaires approbateurs sur tout ce qu'ils font qu'ils se sentent désemparés s'ils n'en reçoivent pas ; ils perdent confiance en eux-mêmes.

D'autres enfants perçoivent les compliments incessants comme des directives muettes et subtiles, les poussant à fournir un rendement conforme aux exigences et aux souhaits de leurs parents. Ces enfants concluent souvent : « Je dois cesser de penser à ce que moi, je veux et comment moi, je veux le faire ; je dois me mettre plutôt à penser à ce qu'ils veulent, eux, que je fasse. Je ne peux pas me faire confiance. Mieux vaut leur faire confiance.

2. Ma fille était en train de faire le diorama d'une cuisine de l'époque coloniale américaine. Elle m'a demandé ce que

j'en pensais. J'ai répondu qu'elle obtiendrait probablement une excellente note. Était-ce la chose à faire ?

Chaque fois que vous pouvez choisir de diriger l'attention de l'enfant soit vers l'approbation d'autrui soit vers la tâche, choisissez la tâche. Vous pouvez dire à votre fille : « Tu as pris une vieille boîte en carton et tu l'as peu à peu transformée en cuisine coloniale. Je vois un rouet, un foyer et … Comment t'y es-tu prise pour que le petit berceau ait l'air si authentique ? » Les apprentissages les plus valables ont lieu lorsque les enfants s'impliquent profondément dans ce qu'ils font, et non lorsqu'ils s'inquiètent du jugement des autres.

3.   Mon fils nous a finalement présenté un bulletin ne contenant que d'excellentes notes. Je lui ai dit que j'étais fière de lui. Ai-je bien agi ?

Chaque fois que vous vous demandez si votre compliment est utile ou pas, vous pouvez vous poser une question clé : « Est-ce que mes paroles rendent mon enfant plus dépendant de moi et de mon approbation, ou l'aident-elles au contraire à reconnaître ses forces et à lui fournir une image plus précise de ses habiletés et de ses réussites ? » Voyez le contraste entre les phrases suivantes.

Compliments qui créent une dépendance envers l'approbation d'autrui	Compliments qui aident l'enfant à croire en ses habiletés et ses réussites
« Un bulletin parfait. Je suis très fière de toi. »	« Il en a fallu de la détermination et des heures de travail acharné pour obtenir toutes ces excellentes notes. Tu dois être fière de toi. »

Compliments qui créent une dépendance envers l'approbation d'autrui	Compliments qui aident l'enfant à croire en ses habiletés et ses réussites
« Tu fais tes devoirs ? Tu es sage ! »	« Il faut de la discipline personnelle pour être capable de faire tes devoirs alors que tu te sens fatiguée. »
« Tu es une personne très généreuse. »	« Quand tu t'es rendu compte qu'Elliot avait oublié son sandwich, tu lui as donné une partie du tien. »

Notez que les commentaires de la première colonne donnent le contrôle aux parents. Ce sont eux qui possèdent le pouvoir d'accorder le compliment ou de le retenir. Par contre, les phrases de la seconde colonne renvoient l'enfant à ses propres capacités et lui permettent de faire son propre éloge.

4. Ne peut-on jamais dire directement à un enfant qu'il est prévenant, honnête ou créatif ?

Toute forme d'approbation peut procurer une sensation agréable sur le moment. Mais si vous voulez que vos paroles pénètrent à l'intérieur de l'enfant et y demeurent, il faut les faire suivre ou précéder d'une description. Par exemple :

- Tu savais que je serais inquiète si tu n'étais pas à la maison à mon retour du travail. Alors, tu m'as laissé une note indiquant le numéro de téléphone où je pouvais te joindre. C'est ce que j'appelle avoir de la considération.

- Tu m'as raconté ce qui s'est passé à l'école aujourd'hui, même si tu savais que cela pouvait me mettre en colère. J'apprécie ton honnêteté.

- Quel collage créatif ! Il contient des ficelles, des macaronis, des boutons, et même des franges fabriquées avec du papier hygiénique.

Chacun de ces exemples souligne un cas particulier où l'enfant a été prévenant, honnête ou créatif. On n'y trouve aucune pression pour qu'il soit toujours ainsi.

5. J'ai deux filles. Le rendement de la cadette est excellent, mais l'aînée a du mal à décrocher la mention bien ou passable. Quand chacune me montre son bulletin au même moment, je me retiens de complimenter la plus jeune pour éviter que sa sœur aînée se sente mal à l'aise. Est-ce la meilleure chose à faire ?

Votre réaction aux réussites de l'une ne devrait avoir aucun rapport avec les échecs ou les réussites de l'autre. Chaque enfant a besoin de sentir que ses propres réussites sont reconnues. Votre cadette a le droit se retrouver seule avec vous pour vous dire qu'elle est fière de ses aptitudes aux études et pour sentir que sa mère en est consciente. Sa sœur aînée a droit elle aussi à sa propre «séance intime» où elle pourra exprimer sa satisfaction ou sa déception concernant son travail scolaire et se sentir soutenue dans ses efforts. Aucune de vos filles ne devrait être privée de sa part en raison des talents de sa sœur.

RÉCITS DE PARENTS

Une mère nous a raconté comment elle a découvert par elle-même à quel point le compliment évaluatif inhibait le processus créatif de sa fille alors que le compliment descriptif le libérait.

Quand ma fille, Janice, était à la maternelle, elle a eu l'occasion de participer à un concours artistique. Elle ne semblait guère intéressée, mais je l'y ai poussée. Parce que je suis moi-même artiste, je suppose. Pendant qu'elle faisait son dessin, je me tenais à ses côtés et lui faisais sans arrêt des commentaires : «C'est magnifique ! J'aime cette couleur. Tu oublies les pieds ? Peux-tu les faire un peu plus gros ? Voilà ! Arrête ! C'est parfait !»

Après un moment, Janice a demandé : «Maman, pourquoi ça doit être parfait ?» Puis elle a déposé son crayon et elle a refusé de continuer. J'en ai d'abord été vexée. Puis, j'ai réalisé que j'avais probablement trop parlé. Alors, j'ai retenu mes commentaires quand elle m'a montré le nouveau dessin qu'elle avait fait à l'école. Mais je suppose qu'elle voulait m'entendre dire quelque chose puisqu'elle me l'a mis sous le nez alors que j'étais occupée à plier du linge. C'était un dessin de tigre, vraiment bien exécuté. Quelques changements mineurs et il aurait été fantastique. Mais je me suis retenue. Je l'ai regardé et me suis contentée de le décrire : «Je vois que tu as fait un tigre souriant, avec des rayures orange et noir et une longue queue, et...» Avant même que je puisse poursuivre, Janice me l'a enlevé des mains en disant : «C'est la maman. Maintenant, je vais faire le bébé tigre.»

Par la suite, quand j'ai réfléchi à ce qui s'était passé, j'ai réalisé que tous mes commentaires «utiles» n'étaient qu'une façon de l'amener à me faire plaisir, alors que la personne à qui elle devait vraiment faire plaisir, c'était elle-même. Désormais, je vais tâcher de ne pas m'interposer quand elle dessine. Je suppose que les seuls commentaires dont elle a besoin sont ceux qu'elle me demande.

Le prochain récit vient d'une autre mère qui a découvert ce qui peut arriver quand on résiste à l'envie d'évaluer.
Je revenais d'un atelier portant sur le compliment descriptif. Sur le plan de travail de la cuisine, j'ai remarqué un dessin de mon fils Jean, 12 ans. C'était évident qu'il l'avait placé là pour que je

le voie. Comme je passais devant la porte de sa chambre, il s'est redressé dans son lit et m'a demandé : « As-tu vu mon dessin ? »

D'habitude, j'aurais répondu : « Oui. Il est très beau. Tu es vraiment un artiste merveilleux. » Mais comme j'étais toute fraîche émoulue de l'atelier, je me suis dit que je tenterais de décrire le dessin. « Mais oui. J'ai vu un énorme dinosaure flottant dans un lac, de grands arbres et des rochers sur la rive et une route qui serpente dans les collines. »

Jean m'a fait un grand sourire et il s'est mis à me raconter ce qu'il avait appris sur Champ, un monstre marin qu'on aurait aperçu dans le lac Champlain. Pendant qu'il m'expliquait ce qui l'avait impressionné, je sentais que nous étions réellement en communication l'un avec l'autre. C'est le genre de moment que je trouve précieux. Je suis réellement heureuse de voir que je peux provoquer ces moments au lieu d'attendre qu'ils se produisent d'eux-mêmes.

Le prochain récit vient d'une mère qui est sur le marché du travail. Elle décrit une situation qui aurait facilement pu l'amener à réprimander ses enfants. Elle a plutôt profité de l'occasion pour faire leur éloge.

Depuis que j'occupe un emploi à temps partiel, j'ai dû faire face à de nombreuses crises. Je tardais souvent à rentrer du travail et mes trois enfants se trouvaient enfermés dehors après l'école. J'ai finalement décidé de cacher un double de la clé accessible de l'extérieur. J'ai demandé aux enfants de ne s'en servir qu'en cas d'urgence et de la remettre dans sa cachette dès qu'ils auraient ouvert la porte.

La solution s'est avérée excellente, car je devais faire du temps supplémentaire au moins une fois par semaine. Puis un jour, je suis rentrée tard et j'ai trouvé mes trois enfants à table, en train de casser la croûte. La clé était par terre.

J'ai dit : « Pas possible ! Comment se fait-il que la clé se trouve par terre ? »

Nicolas a répondu : « Oh ! J'ai oublié de la remettre en place. »

De toute évidence, il se sentait horriblement mal à l'aise ; j'ai donc dit que, selon moi, c'était très bien ainsi.

Surpris, les enfants m'ont tous regardée. J'ai continué : « Vous rendez-vous compte à quel point chacun de vous trois a pris ses responsabilités à propos de cette clé ? Voilà déjà plus d'un an que vous l'utilisez et c'est la première et unique fois que vous avez oublié de la remettre en place. Je pense qu'il y a là un record dont on peut être fier. »

Leur visage s'est illuminé. Puis, Nicolas a bondi de sa chaise en disant : « Je vais la remettre en place tout de suite. »

Il n'a jamais été nécessaire de revenir à la charge.

Dans le témoignage suivant, vous verrez comment un fils montre à sa mère toute sa faiblesse et comment elle réussit à lui faire voir en quoi il est fort.

Paul n'était pas un très bon élève. Il avait pour principe qu'il faut s'organiser pour obtenir une note passable dans un temps record en faisant un minimum d'effort. Un après-midi, il est rentré de l'école et il est resté planté là. La tête qu'il faisait m'a tout de suite inspiré des craintes. « Que s'est-il passé ? » ai-je demandé.

« Je viens d'enfoncer la porte du garage à coups de pied. »

J'étais sous le choc : « Tu l'as fait exprès ?

- J'ai raté mon examen d'algèbre ! a-t-il lâché. J'avais pourtant fait un effort. Je m'étais vraiment appliqué, cette fois. J'ai étudié, mais j'ai échoué. »

Il avait visiblement beaucoup de peine. Je me suis dit que ce n'était pas le temps de me préoccuper de la porte du garage. J'étais vraiment désolée pour lui. Depuis des années, nous nous acharnions, son père et moi, à lui rappeler qu'il devait s'appliquer, travailler plus fort, et finalement, c'est ce qu'il avait fait. Il avait honnêtement essayé de faire de son mieux et, en fin de compte, ça l'avait conduit à l'échec.

«Alors, tu ne me consignes pas à ma chambre?» a-t-il demandé.

Je ne savais pas comment réagir. Je savais seulement que je devais m'accrocher aux quelques habiletés que je possédais pour nous éviter une noyade commune. J'ai tenté quelque chose: «As-tu rapporté ta copie?»

Il l'a sortie de son sac à dos et l'a lancée sur mon lit. Le mot échec y occupait toute la partie supérieure. J'ai examiné le contenu en essayant de comprendre d'où provenait la difficulté. J'ai dit: «Paul, je sais à quel point tu es bouleversé, mais j'ai besoin d'explications. Pour ce premier problème, que tu as réussi, comment es-tu arrivé à la bonne réponse?»

Paul m'a décrit un procédé long et complexe, quelque chose comme la mise en facteurs d'un polynôme en binôme. J'essayais de le suivre, mais je n'y arrivais pas. À la fin, j'ai dit: «Je vois que tu as compris la théorie, même si moi je n'y comprends rien; tu as dû comprendre aussi ces cinq autres problèmes puisque tu les as résolus correctement. Que s'est-il passé dans le cas des quatre autres?»

Paul s'est penché sur sa copie: «Dans ces deux-ci, j'ai multiplié au lieu de diviser; dans ceux-là, j'ai tout bêtement fait des erreurs d'addition.

- Donc, ce que tu me dis, ai-je poursuivi avec calme, c'est que tu comprends toute cette matière compliquée, mais que tu as fait quatre fautes d'inattention qui t'ont coûté cher. La seule conclusion possible, c'est que tu es capable de capter des concepts de mathématiques supérieures, mais que tu dois t'obliger à vérifier tes calculs avant de remettre ta copie.»

J'ai vu la tension de Paul disparaître presque aussitôt de son visage. Quand il a quitté la pièce, j'ai respiré profondément pour la première fois, comme si je venais moi-même de réussir une sorte d'examen.

Dix minutes plus tard, Paul est revenu. Il a dit : « T'en fais pas à propos de la porte du garage, maman ; tout doucement, avec un marteau, j'ai réussi à la redresser.

- Merci », ai-je répondu.

---

1. J'ai dans ma classe une fille du nom de Jessica. Elle est remarquable. Je suis déchirée entre mon envie de la complimenter sans arrêt avec enthousiasme et ma crainte que les autres enfants se mettent à lui en vouloir et à la percevoir comme ma chouchoute. Que me suggérez-vous ?

Faites confiance à votre inquiétude. Vous ne rendez aucunement service à Jessica en faisant sans cesse remarquer aux autres combien elle est exceptionnelle. Il serait préférable, pour elle comme pour les autres, que vous soyez à l'affût d'occasions où vous pourrez complimenter toute la classe : « Quel travail d'équipe ! Tout le monde a mis la main à la pâte et tout a été rangé à sa place ! Le concierge ne se doutera même pas que nous avons fait une expérience en classe de sciences aujourd'hui. »

Quand vous êtes particulièrement contente du rendement de Jessica, vous pouvez, d'un ton neutre, décrire ce qu'elle a fait : « Je vois que tu as réussi à additionner correctement cette longue colonne de chiffres. C'est parce que tu as pris soin d'aligner chaque chiffre directement en dessous du précédent. » Les autres élèves accueillent favorablement ce genre de commentaire objectif et ils peuvent même en profiter eux aussi. Quant à vos réactions affectives, il serait préférable de les garder pour les moments où vous serez seule avec Jessica. C'est à cette occasion que vous pouvez lui dire pourquoi et jusqu'à quel point vous êtes heureuse qu'elle soit votre élève.

2. Y a-t-il des inconvénients à signaler à une élève qu'elle a la plus belle plume de la classe, ou à cet autre qu'il a obtenu la meilleure note en mathématiques ?

Quand on cherche toujours à désigner le meilleur, le plus rapide, le plus brillant, on se crée un double problème. Le reste de la classe peut facilement se décourager. Certains peuvent même cesser tout effort. Quant à la vedette, elle doit maintenant utiliser toute son énergie, non plus à poursuivre des buts personnels, mais à conserver son statut de vedette. Le maintien de ses succès repose désormais sur une succession d'échecs de la part de ses camarades. Il serait de loin préférable pour votre élève d'entendre décrire ses réussites sans la comparer à ses camarades. Par exemple : « Ta description de la ferme de tes grands-parents est tellement détaillée que je peux presque la voir ». Ou encore : « Toutes tes réponses sont correctes dans ce travail. Tu maîtrises la notion de fraction décimale. » Des phrases de ce genre aident l'élève à se comparer à ses propres critères plutôt qu'au rendement des autres.

3. Dans ma dernière école, on poussait souvent les élèves à réciter des phrases comme : « Je suis unique. Je suis aimable. Je suis capable. » On encourageait aussi les enseignants à distribuer des étoiles dorées et des autocollants de têtes souriantes. Trouvez-vous que ces méthodes sont efficaces pour développer l'estime de soi ?

Vous ne pouvez, de l'extérieur, « coller » de l'estime de soi. Les affirmations et les autocollants que vous décrivez peuvent tenir pour un moment, mais ils tombent facilement quand l'évidence démontre à l'enfant qu'en réalité, il n'est pas si aimable, capable ou unique. Par contre, les mots qui décrivent ce que fait l'enfant, ou ce qu'il a fait, ne disparaissent pas et peuvent être réutilisés au besoin. Par exemple, si un élève se préoccupe de son exposé sur les baleines, il ne lui sera d'aucune utilité de se dire : « Je suis unique », ni de contempler sa collection d'étoiles dorées. Mais s'il a reçu, pour son dernier travail sur les séquoias, un commentaire tel que : « Rempli de renseignements intéressants. J'ai appris des choses sur ces géants de la forêt », l'élève peut alors se dire : « J'ai déjà fait ce genre de choses. Je gage que je peux recommencer. »

4. Vous proposez aux enseignants de souligner rapidement tout effort fourni par un élève. Mais si une élève pose une question qui démontre son ignorance totale du sujet, ne vient-il pas un moment où il faut lui dire qu'elle se trompe et lui donner la bonne réponse ?

Notre rôle, en tant qu'éducateurs, n'est pas de fournir les bonnes réponses mais d'aider les enfants à trouver les réponses à partir de leur propre processus de réflexion. Vous pouvez commencer par demander respectueusement à cette élève quelles réflexions ont provoqué sa question, puis la guider vers le niveau de compréhension suivant en posant des questions additionnelles.

Une enseignante en éducation spéciale raconte qu'elle lisait à sa classe une histoire à propos d'un apiculteur quand Charline a levé la main pour demander : « Une abeille, c'est un oiseau ? » La question a galvanisé la classe. Plusieurs élèves ont levé la main en l'agitant avec enthousiasme. L'enseignante a dit :

« Un instant ! Charline, c'est une question vraiment intéressante ! Qu'est-ce qui te fait penser qu'une abeille peut être un oiseau ?

- Ils ont tous les deux des ailes, a-t-elle répondu solennellement.

- Vois-tu d'autres ressemblances ?

- Ils volent.

- Tu as noté deux choses semblables. Les élèves, y a-t-il quelque chose qui distingue les oiseaux des abeilles ?

- Les oiseaux ont des plumes.

- Les oiseaux sont plus gros.

- Les oiseaux ne piquent pas. »

Le visage de Charline s'est soudain illuminé :

«Je sais ! Je sais ! Une abeille, c'est un inceste !»

Toutes les têtes se sont inclinées.

L'enseignante a écrit au tableau la conclusion des enfants : «Une abeille est un INSECTE.»

RÉCITS D'ENSEIGNANTS

Une enseignante du primaire raconte que ses élèves réagissent mieux aux compliments et aux critiques quand elle utilise une description fantaisiste. Les extraits suivants de sa lettre illustrent son approche enjouée.

À la fillette qui a terminé rapidement son examen de maths, j'ai dit : «Tu es patiemment venue à bout de tous ces problèmes comme une souris qui grignote un fromage.»

Au garçon dont la rédaction était difficile à lire parce que les mots étaient liés les uns aux autres, j'ai dit : «Oh ! Ces pauvres mots sont écrabouillés dans un tas. Ils semblent très mal à l'aise. Mais ah ! Regarde ces deux mots ! Ils ont l'air vraiment contents. Il y a beaucoup de place entre chacun d'eux.»

À l'enfant qui avait de la difficulté à écrire sur la ligne, j'ai dit : «Ce 'c' flotte dans les airs, mais celui-ci est assis en plein sur la ligne. Oh ! Oh ! Ce 'n' a les pieds qui défoncent le plancher et le voisin du dessous reçoit du plâtre sur la tête.»

Afin d'aider tous les enfants pendant un travail d'écriture, je leur ai proposé de faire un concours de beauté et d'encercler leur plus belle lettre pour la désigner comme gagnante. Certains enfants ont trouvé que deux de leurs lettres étaient aussi belles l'une que l'autre. Dans ce cas, les lettres étaient toutes deux déclarées gagnantes.

Une enseignante raconte l'usage qu'elle a fait du compliment descriptif pour mettre fin à la mauvaise conduite de ses élèves de douze ans.

C'était un de ces jours où l'humeur des élèves se traduit par : « J'ai pas l'goût. J'veux rien savoir. » Ils avaient subi une semaine complète de mauvais temps et ils étaient agités. Après une autre récréation passée à l'intérieur, ils continuaient à s'amuser et à courir partout. D'habitude, ce n'est pas le genre de situation où les compliments me viennent spontanément à l'esprit. Mais, j'ai jeté un rapide coup d'œil et j'ai aperçu deux élèves qui s'étaient calmés et restaient assis en silence.

Je me suis tournée vers le tableau et j'ai écrit leur nom sous les mots Classe d'art. Puis, j'ai dit à mes « élèves modèles » : « Vous avez rangé vos jeux dès que la cloche a sonné. Maintenant, vous êtes assis, prêts pour la suite Voilà qui me fait plaisir. » Les autres élèves m'ont regardée, puis ils ont vu les deux noms au tableau. Quelques-uns ont vite rangé leurs jeux et se sont hâtés de prendre leur siège. J'ai ajouté leur nom à la liste en disant : « Merci. » Trois autres se sont assis.

C'était merveilleux. Je n'ai pas eu besoin d'élever la voix ou d'émettre d'ultimatum. Les enfants avaient compris ce qu'il fallait faire et ils le faisaient. Quant à ceux qui tardaient à réagir, les autres leur ont lancé des rappels murmurés sur un ton plutôt insistant. Finalement, tout le monde s'est calmé.

Le dernier récit montre comment un enseignant d'éducation physique d'une école secondaire urbaine a trouvé le moyen de complimenter un élève rebelle et hostile sans lui faire perdre son statut au sein de ses camarades.

Carlos Hernandez n'aimait pas recevoir des compliments en public. Il se percevait comme un dur à cuire qui se fiche de l'école et de ce que pensent les enseignants. Sa bravade lui valait l'admiration des autres élèves. Il ne souriait jamais, sauf quand on le réprimandait pour sa conduite. C'est seulement dans ces moments-là qu'il adressait un large sourire à ses copains, comme pour leur dire : « Je leur ai montré de quel bois je me chauffe. »

Au gymnase, Albert, l'un des élèves les moins aimés, avait de la difficulté à réussir un panier. Quelques garçons lui ont dit qu'il lançait « comme une fille » et d'autres se sont mis à rire. Carlos a secoué la tête en les regardant.

Le meneur, Greg, a lancé : « Eh bien, tu l'aimes ou quoi ? »

Carlos a plissé les yeux et a hurlé : « Vos gueules ! »

Ils ont figé sur place. Ils n'ont rien ajouté. Ils se sont juste mis à lancer des ballons.

Quand est venu le moment pour les élèves de se rendre au vestiaire, j'ai pris une voix bourrue pour hurler à travers le gymnase : « Hernandez, je veux te voir. » Quelques garçons se sont agglutinés près de la porte du vestiaire pour voir ce qui allait se passer. En tournant le dos aux autres garçons, j'ai regardé Carlos par-dessus mon écritoire à pince. D'une voix basse, sans expression, j'ai parlé à Carlos.

« Hernandez, j'ai vu ce que tu as fait pour Albert. Il faut être un homme solide pour soutenir quelqu'un quand les autres rient de lui. Tu es un gars correct. »

Carlos s'est retourné et s'est dirigé d'un pas tranquille vers la porte du vestiaire. Les garçons qui attendaient scrutaient les yeux de Carlos pour y trouver un indice sur ce qui s'était passé. Carlos leur a souri.

6

Aider l'enfant à se dégager d'un rôle qui l'emprisonne

C'est avec incrédulité que je lisais et relisais la lettre provenant du bureau du surintendant. Les mots résonnaient dans ma tête. «Nous regrettons de vous informer… compressions budgétaires… suppression de postes… mutation dans une nouvelle école… école primaire de Hemlock.» Pendant les premières semaines de l'été, je suis parvenue à écarter cette lettre de mes pensées. Mais plus septembre approchait, plus mon anxiété grandissait devant la perspective d'avoir à tout recommencer dans une nouvelle école. J'essayais de me calmer. Après tout, une école, c'est une école. Les enfants sont des enfants. En quoi l'école d'Hemlock pouvait-elle être différente ? D'ailleurs, j'avais déjà deux années d'expérience à mon actif.

Au cours de la journée d'accueil, j'ai découvert que je n'étais pas la seule enseignante du district qui avait été réaffectée à l'école d'Hemlock. Le directeur adjoint a pris à part tous les nouveaux arrivants et nous a résumé les politiques et les méthodes disciplinaires de l'école. Son thème principal était les «mauvais» élèves et la façon d'en «venir à bout». À la fin de la journée, on nous a dit que chacun d'entre nous formerait un tandem avec un autre enseignant qui, à titre de mentor, nous aiderait à apprendre la «bonne façon» de faire les choses à Hemlock. J'étais contente d'avoir un jour de plus pour préparer ma classe. J'en avais assez d'entendre l'explication détaillée des formulaires à remplir pour les retenues ou les renvois.

Le lendemain, je suis arrivée tôt, pressée de m'organiser. Sur mon bureau, on avait déposé une liste composée des noms de

28 élèves. En examinant la liste, j'ai noté que j'avais 18 garçons et dix filles.

Une dame de grande taille, aux cheveux gris, a franchi ma porte en se présentant comme madame Delage, le mentor qu'on m'avait donné. En tendant la main vers la liste de mes élèves, elle a dit : « J'enseigne à Hemlock depuis 27 ans. Je peux vous dire tout ce que vous devez savoir à propos de ces enfants. Ils ont tous été mes élèves, tout comme leurs frères et sœurs, et même certains de leurs parents. »

« Y a-t-il plus de garçons que de filles dans cette école ? » ai-je demandé en lui tendant docilement la liste.

Elle a souri avec condescendance. « Pas vraiment. Vous voyez, comme vous êtes nouvelle, vous devez mériter les 'bons élèves' pour ainsi dire. »

Je l'ai informée que j'en étais à ma troisième année d'enseignement, mais elle m'a interrompue : « Oh ! Pauvre petite, je vois que vous avez Marie-Anne Rioux. C'est une véritable écervelée – tout à fait imprévisible, absolument aucune capacité d'écoute. » Elle a continué, en secouant la tête et en claquant la langue : « Et vous avez Angela Milano ! Elle est sournoise, celle-là. On ne peut lui faire confiance un seul instant. Elle est pleine de mensonges et d'excuses… Ne me dites pas qu'on a placé Joey Simon dans votre classe ! Il apprend très lentement ; son niveau d'attention est celui d'un enfant de trois ans. Il sait faire le pitre et rien d'autre. »

Sidérée, j'écoutais pendant qu'elle poursuivait son dépouillement de la liste. « Comment se fait-il que vous ayez Henri Bourgault ? C'est un enfant extrêmement timide, très nerveux ; il n'ouvre jamais la bouche, mais il ne vous causera aucun problème… Et Jeannot Potvin non plus, sauf qu'il est traînard et remet tout au lendemain… Oh ! Mais voilà Rudy Savoie ! Il compensera ces deux-là. Rudy est intelligent, mais il est méchant, une vraie brute. Il a du mal à contrôler ses impulsions. Attendez un peu d'entendre les grossièretés qui lui sortent de la bouche… J'ai peine à croire qu'ils l'ont donné à une personne qui semble aussi gentille que vous. Eh bien, l'année finira bien par passer. Dans une classe comme celle-ci, il ne reste que l'espoir. »

Elle s'est dirigée vers la porte en lançant par-dessus l'épaule : « J'ai des tonnes de choses à faire. Si je les termine assez tôt, nous pourrons peut-être discuter davantage. Sinon, on pourrait peut-être casser la croûte au courant de l'année. »

J'ai poliment fait signe que oui, mais elle avait à peine franchi la porte que j'avais déjà mal à la tête. Quel genre d'année m'attendait ? Madame Delage avait-elle raison à propos des enfants ? À l'entendre, leurs personnalités et leurs caractères étaient immuables. Gravés dans la pierre. Incroyable ! N'avait-elle lu aucune des recherches démontrant la relation directe entre les attentes de l'enseignant et le rendement des élèves ? Ignorait-elle que les enfants peuvent changer et qu'un enseignant peut être un puissant agent de changement ?

Une vague de doute m'a envahie. Étais-je naïve ? Sottement idéaliste ? Je me suis soudain souvenue d'un film que j'avais vu autrefois dans un cours de pédagogie. Une enseignante du primaire avait dit à sa classe, d'un air très sérieux, qu'une recherche récente prouvait que les enfants aux yeux bruns étaient plus intelligents et meilleurs que les enfants aux yeux bleus. Pour le reste de la journée, les enfants s'étaient comportés selon les nouvelles attentes. Les enfants aux yeux bruns, transportés par la nouvelle, avaient fourni un rendement meilleur que jamais auparavant. Quant aux enfants aux yeux bleus, même les plus brillants, ils étaient tellement secoués et bouleversés qu'ils ne parvenaient pas à travailler. Le lendemain, toujours sur un ton sérieux, l'enseignante avait dit à sa classe qu'on avait commis une erreur. En réalité, les enfants aux yeux bleus étaient supérieurs alors que les enfants aux yeux bruns étaient stupides et inférieurs. De nouveau, les attentes de l'enseignante ont déterminé le rendement des enfants. C'était maintenant au tour des enfants aux yeux bleus de pavoiser et d'exceller, alors que les enfants aux yeux bruns se montraient peu productifs, immobilisés par la honte et le doute.

Même si les méthodes de l'enseignante m'avaient mise extrêmement mal à l'aise, on ne pouvait mettre en doute les résultats de son expérience. L'évidence absolue du pouvoir que possède un enseignant de modifier de façon positive ou négative l'image de soi d'un enfant s'était gravée à tout jamais dans ma mémoire. Je n'allais pas tomber dans le piège de madame Delage et accepter sa perception des enfants. Tous les enfants de ma classe auraient des yeux de la « bonne couleur ».

Mais étais-je à la hauteur de la tâche qui m'attendait ? Durant l'après-midi du même jour, pendant que je promenais mon chien, je me suis mise à penser à Nicole, une élève brillante et énergique de ma classe précédente. J'avais vu de près la façon dont ses enseignants, sans intention malicieuse, l'avaient peu à peu enfermée dans un rôle.

J'avais entendu son enseignant d'éducation physique hurler : « Nicole, baisse le ton, s'il te plaît ! Tu ne te tais donc jamais ! »

J'avais entendu son enseignante de français la gronder : « Nicole, inutile de lever la main. Je sais bien que tu connais la réponse. Laisse à d'autres la chance de répondre. »

J'avais entendu son enseignante de musique lui dire : « Nicole, faut-il absolument que tu fasses des commentaires à propos de tout ? Je n'ai aucune envie de savoir quelles chansons tu penses qu'on devrait chanter. Pour une fois, garde tes opinions pour toi. »

Je m'étais moi-même entendue dire : « Nicole, ton bavardage dérange tout le monde. Tu ne vois pas que des élèves sont encore en train de travailler à leur examen ? » Nicole avait rougi d'embarras et s'était tue, mais quelques minutes plus tard, je l'avais vue se tourner sur son siège et commencer à papoter avec la fille assise derrière elle. Exaspérée, je m'étais approchée d'elle, je l'avais attrapée par les épaules et je l'avais fait pivoter. « Nicole, ai-je commandé, c'est assez ! Tu es un vrai moulin à paroles ! »

En lui répétant constamment quel était son problème, nous tenions tous pour acquis que Nicole écouterait et s'améliorerait. Elle avait peut-être écouté, mais elle ne s'était certainement pas améliorée. En fait, elle avait démontré qu'elle se contrôlait de moins en moins. Comme si elle nous avait dit à tous : « Si c'est ainsi que vous me percevez, c'est ainsi que je serai. » Nous, les enseignants, l'avions peut-être encouragée à continuer de jouer les « moulins à paroles ».

De retour à la maison, je me suis mise à considérer d'un autre point de vue la réaction de Nicole à nos commentaires – d'une façon moins sympathique. Pourquoi toute la tâche de changer la conduite de Nicole devrait-elle retomber sur les épaules de ses enseignants ? Où était la responsabilité de Nicole dans tout cela ? Pourquoi n'avait-elle pas répondu à notre mécontentement en faisant un petit effort pour s'améliorer ?

Le téléphone a sonné. C'était la voix chaude et réconfortante de Jeanne. « Tu nous manques à tous, ici, a-t-elle dit. Comment ça va là-bas ? »

Je n'arrivais pas à parler assez rapidement pour tout lui raconter : Madame Delage et ce qu'elle avait à dire au sujet des enfants, les souvenirs que j'avais de Nicole et mes plus récentes réflexions concernant son entêtement à nous narguer. « Holà, pas si vite ! a répondu Jeanne. Je ne suis pas du tout certaine que Nicole te narguait. Elle se sentait peut-être incapable de réfuter l'image d'elle-même que tous les enseignants lui renvoyaient. Quand on est un enfant et qu'on entend tout le monde dire la même chose à propos de soi, et le répéter sans arrêt, on commence à y croire.

- Pourquoi en es-tu aussi certaine ? » ai-je demandé.

Après une longue pause, j'ai insisté : « Dis-moi, Jeanne.

- Oh ! Je suppose que j'étais en train de penser à moi, à douze ans, alors que j'avais très peu confiance en moi-même. Je pensais surtout à ce qui s'est passé la première fois que j'ai quitté la maison pour me rendre dans un camp de vacances.

- Ç'a été difficile ?

- Non. En fait, mon premier été a été formidable. Tout le monde me trouvait sympathique : les copines qui partageaient ma chambre, la monitrice et même les garçons. J'ai appris à nager et à faire du canoë ; j'ai gagné le prix de la personnalité et quand je suis rentrée chez moi, j'avais acquis de l'assurance, ce qui ne m'était jamais arrivé auparavant. Ç'a été le meilleur été de ma vie.

- Donc, ces réactions positives t'ont donné une toute nouvelle perception de toi-même.

- Si tu permets, je vais maintenant te décrire le tort que peuvent produire les réactions négatives. Je suis retournée au même camp l'été suivant ; rien n'y était plus pareil. J'avais une nouvelle monitrice et toutes celles qui partageaient ma chambre étaient nouvelles : une bande de filles dingues des gars et des vêtements, qui ont décidé que j'étais « immature, une lavette ». J'ai essayé très fort de devenir leur amie, mais les filles se sont refermées en cercle étroit et m'ont tenue à l'écart. Les garçons s'intéressaient seulement aux nouvelles filles. Même ma monitrice m'a laissée tomber ; la première fois qu'elle m'a vue lancer une balle, elle m'a appelée « empotée ». À la fin de l'été, j'avais laissé tomber. Lors du dernier match de la saison de base-ball, les capitaines ont choisi les membres de leur équipe et aucune équipe ne m'a choisie. Je suis restée un moment assise sur le banc, à regarder le match, puis je suis retournée à ma chambre vide et, faute d'avoir mieux à faire, j'ai décidé de laver mes chaussettes. Je m'en souviens encore : je regardais la mousse et l'eau sale tourbillonner dans le trou du lavabo et je me sentais moi aussi couler dans le trou avec la mousse sale. Personne ne voulait de moi. Personne ne se souciait que je sois morte ou vivante. Et je ne pouvais rien faire pour y changer quoi que ce soit ! »

Je suis restée silencieuse parce qu'elle m'avait touchée et que je ne savais pas quoi dire. Finalement, je lui ai posé une question : « Jeanne, essaies-tu de me dire que c'est pratiquement impossible d'échapper à la perception que les autres se font de nous ?

- Certains enfants sont peut-être assez forts pour rester fidèles à ce qu'ils sont au fond d'eux-mêmes et pour continuer à croire en eux-mêmes. J'en étais incapable. »

Jeanne a ensuite changé de sujet, mais après notre conversation, je n'ai cessé de penser à ses deux étés. Jeanne avait l'air d'une adulte forte, pleine d'assurance ; j'avais de la difficulté à imaginer qu'elle avait déjà été une fillette inquiète, vulnérable à la façon dont les autres la percevaient. Puis, j'ai pensé aux enfants de ma liste d'élèves, à ceux que madame Delage avait si soigneusement catalogués et je me suis demandé jusqu'à quel point ils pouvaient être vulnérables.

Quand je me suis finalement trouvée devant mes élèves, le lundi, j'ai été soulagée et agréablement surprise. Personne n'avait l'air terrifiant. Au fond, ils ressemblaient à n'importe quel groupe d'enfants normaux de 11 et 12 ans. Mais vers la fin de la première semaine, il m'est arrivé plus d'une fois de penser qu'il y avait peut-être du vrai dans la façon dont madame Delage qualifiait les enfants. J'ai rejeté cette vilaine pensée et j'ai pris la décision de continuer de rechercher ce qu'il y avait de meilleur dans chacun de mes élèves. La dernière chose dont ils avaient besoin, c'était de recevoir de ma part une autre dose de catalogage toxique.

À la fin de la deuxième semaine, je me suis rendu compte que mes bonnes intentions ne suffisaient pas. Par exemple, quand Marie-Anne Rioux a une fois de plus oublié sa règle, je savais bien qu'il ne fallait pas la traiter « d'écervelée » ; toutefois, même si je contrôlais ma langue, j'avais l'impression que je n'arrivais pas à contrôler mes pensées. Je ne cessais de la percevoir comme « écervelée » et je me suis entendue lui dire des choses comme : « Marie-Anne, as-tu oublié l'argent pour ton repas, aujourd'hui ?... N'oublie pas ta veste une fois de plus...

Assure-toi de placer ton carnet de devoirs dans ton sac à dos pour éviter de le perdre encore une fois. »

En réalité, je ne la traitais jamais « d'écervelée », mais je lui télégraphiais certainement ma façon de la percevoir. Je faisais la même chose avec les autres élèves. Je ne disais pas à Joey Simon qu'il « n'écoutait jamais », mais je lui ai dit, les dents serrées : « Joey, de grâce, essaie de faire attention cette fois-ci, n'est-ce pas ? » Je n'avais jamais dit à Jeannot Potvin qu'il était « traînard », mais je l'avais talonné : « Jeannot, juste pour cette fois, ne sois pas le dernier à sortir de la classe ». Je n'avais jamais dit à Rudy Savoie qu'il était mal embouché, mais le regard que je lui avais lancé lui avait clairement transmis le message.

J'ai réalisé que j'avais besoin d'un plan. Durant le week-end, j'ai fait la liste des traits de personnalité des élèves qui me contrariaient le plus. Puis, dans le livre *Parler pour que les enfants écoutent…*, j'ai lu le chapitre portant sur la façon d'aider les enfants à se dégager des rôles qui les empêchent de s'épanouir. J'ai ensuite transformé le résumé en remplaçant le mot enfant par le mot élève.

Pour aider l'élève à se dégager d'un rôle

- Recherchez les occasions de lui présenter une nouvelle image de lui-même.
- Placez-le dans des situations qui lui permettent de se voir d'un œil différent.
- Faites en sorte qu'il vous entende dire des choses positives à son sujet.
- Donnez vous-même l'exemple du comportement que vous souhaitez lui inculquer.
- Rappelez-lui ses réalisations.
- Quand son comportement reflète l'ancienne image qu'il avait de lui-même, exprimez vos sentiments ou vos attentes.

Sous forme de bandes dessinées, voici quelques-uns des exemples que j'ai pu trouver, en m'imaginant que j'appliquais aux élèves de ma classe toutes les suggestions de ma liste.

Recherchez les occasions de présenter aux élèves une nouvelle image d'eux-mêmes

~~Dissipée~~

~~Traînard~~

Marie-Anne, tu dois avoir été très attentive. Tu as suivi les directives à la lettre.

Jérémie, je vois que tu n'as pas perdu une minute. Tu t'es mis au travail dès la fin de la récréation.

~~Bouffon de la classe~~

~~Nerveux~~

Je sais que tu voulais faire une plaisanterie, Joey. Toutefois, le point que tu as soulevé est sérieux et important.

Quand l'avertisseur d'incendie a retenti avec force, tu as calmement éteint les lumières et tu as tenu la porte ouverte. Merci, Henri.

Placez les élèves dans des situations qui leur permettent de se voir d'un autre œil.

Peu fiable

Marie-Anne, je compte sur toi pour t'assurer chaque jour que la cage de Coco est propre et contient de la nourriture fraîche et de l'eau.

Inattentif

Joey, dans la classe d'à côté, M. Dapvril a un élève de 7 ans qui a de la difficulté à comprendre comment se servir d'une carte géographique. Lui donnerais-tu un coup de main ?

Timide

Henri, montrerais-tu au nouvel élève comment se rendre à la cafétéria ?

Sournois

Félicitations à toute la classe ! Angèle, apporterais-tu à la directrice l'argent que nous avons recueilli aujourd'hui pour les victimes de l'ouragan ?

Faites en sorte que les élèves vous entendent dire des choses positives à leur sujet

Trop impulsif

Élève en difficulté

Donnez vous-même l'exemple du comportement que vous souhaitez leur inculquer

Mal embouché

Porté à remettre au lendemain

Évoquez le souvenir
de leurs réalisations

Écervelé

Que faire si l'élève persiste à se conduire selon son ancienne image ?

EXPRIMEZ VOS SENTIMENTS OU VOS ATTENTES.

Fanfaron

Menteur

J'étais contente de m'être forcée à trouver ce que je pourrais dire pour retirer les étiquettes déjà apposées sur mes élèves. En effet, à cause de cet exercice que je m'étais imposé, j'ai vraiment commencé à penser à eux différemment. Et peu à peu, à mesure que je leur présentais une image plus positive d'eux-mêmes, j'ai vu des changements s'opérer sous mes propres yeux.

Marie-Anne Rioux s'est vraiment souvenue de rapporter, dûment signé, son formulaire l'autorisant à participer à la sortie éducative.

Angela Milano a reconnu avoir « emprunté » la règle de Marie-Anne.

Henri Bourgault a spontanément donné une réponse !

Joey Simon a participé sérieusement à une discussion en classe.

Pendant trois jours consécutifs, Jeannot Potvin est arrivé à l'heure.

Rudy Savoie a passé une semaine entière sans déclencher une querelle. Et à la surprise générale, lors d'un moment de frustration, il a tapé du poing sur le bureau en hurlant : « Oh ! Zut ! »

Les progrès que je constatais me rendaient si enthousiaste qu'il me fallait le dire à quelqu'un. Naturellement, c'est à Jeanne que j'ai confié d'une voix triomphante :

« Chaque jour, je vois ces enfants abandonner d'anciens rôles pour explorer de nouvelles facettes d'eux-mêmes.

- Je te félicite, a répondu Jeanne, enchantée. Et maintenant, c'est moi que tu peux féliciter.

- Pourquoi ?

- Parce que je me suis rendu compte, après la dernière fois où nous nous sommes parlé, que j'enfermais mes propres enfants dans des rôles.

J'étais abasourdie.

- De quoi parles-tu ? Quel genre de rôles ? Quels enfants ?

- Les miens : Diane et Émilie. Elles sont si rapprochées en âge et tellement compétitives entre elles que j'insistais pour que chacune se sente unique. Je disais à Diane qu'elle est l'artiste de la famille et à Émilie qu'elle est l'écrivain de la famille. J'ai même mis le petit Jason dans le même panier, en lui répétant qu'il est notre musicien.

- Quel mal y a-t-il ? Ce sont tous des rôles très positifs.

- C'est justement de cela qu'il s'agit, a répondu Jeanne. Positifs ou négatifs, les rôles sont des rôles. Les enfants restent pris dans ces rôles et deviennent craintifs à la perspective d'essayer toute autre façon d'être. « Pourquoi prendre le risque de ne pas être aussi bon que mon frère ou ma sœur ? »

- Ou risquer de faire mieux, ai-je ajouté, et que mon frère ou ma sœur m'en veuille.

- Exactement, a conclu Jeanne. Lise, je veux que tu saches que c'est ta détermination à éliminer les rôles dans ta classe qui m'a inspirée à essayer de faire la même chose à la maison.

Dans les deux pages suivantes, vous trouverez des bandes dessinées. Elles illustrent des exemples typiques d'échanges entre Jeanne et Diane, suivis de sa tentative d'aider sa fille à se dégager du rôle qu'elle lui avait attribué.

Enfermer un enfant dans un role

Dégager un enfant de son rôle

Après avoir raccroché, je me suis mise à penser sans arrêt à ces deux scénarios. Si je me faisais du souci à propos d'une rédaction à faire et si j'étais obsédée par la pensée que ma sœur est «l'écrivain de la famille», l'insistance de ma mère quant à ma supériorité artistique ne me rassurerait aucunement. Je me sentirais trop découragée pour me mettre à rédiger. Je me dirais probablement : «Si c'est ma qualité d'artiste qui me donne de la valeur dans ma famille, qu'arriverait-il si jamais je cessais d'être bonne dans ce domaine ? Ou si, un jour, ma sœur rapportait un dessin splendide à la maison ? Que me resterait-il, à moi ?»

Par contre, si je me plaçais dans la deuxième scène, celle où ma mère se concentre uniquement sur moi et souligne les forces qui me sont propres, j'aurais une tout autre réaction. Je me dirais : «Je pourrais peut-être m'attaquer à cette rédaction. J'ai peut-être des choses à dire à propos de la justice.» Que ma sœur soit ou non douée pour l'écriture ne m'importerait probablement pas. Elle serait libre d'écrire comme elle le souhaiterait. Et je serais libre d'être moi-même.

Tant de sujets de réflexion ! Une chose était plus claire que jamais : mon rôle en tant qu'enseignante et celui de Jeanne en tant que mère était de *s'opposer farouchement à toute attribution de rôles. Finies les étiquettes à propos du caractère des enfants. Chacun des enfants* a besoin d'être perçu comme un être aux facettes multiples : tantôt timide et renfermé ; tantôt turbulent et extraverti ; tantôt lent et pensif ; tantôt prompt et déterminé ; tantôt têtu et peu coopératif, puis flexible. Mais jamais le même, toujours en croissance, disposant toujours de la capacité de changer et de grandir.

Plus jamais de catalogage des aptitudes scolaires : «supérieur à la moyenne ; inférieur à la moyenne ; médiocre ; brillant ; lent.» Chacun des enfants a besoin qu'on le considère comme un apprenant, qu'on l'encourage à connaître les joies des découvertes intellectuelles et la satisfaction de faire du progrès, que celui-ci soit rapide ou lent.

Cesser de signaler les enfants qui possèdent des talents artistiques ou athlétiques peu communs et de les inonder d'attention aux dépens de leurs camarades moins talentueux. Bien sûr, les quelques enfants plus doués ont besoin d'être reconnus et entourés, mais il en va de même de tous les enfants. Chaque enfant a besoin qu'on l'encourage à faire l'expérience des plaisirs du sport, du chant, de la danse, du théâtre et de l'art sans qu'il ait à se préoccuper d'être l'étoile athlétique, le génie musical, l'actrice de la classe ou l'artiste de la famille.

Finie l'incarcération des espoirs, des rêves et des possibilités des enfants, que produit le catalogage. Qui sait ce que chacun d'entre nous pourrait devenir si une seule personne croyait suffisamment en nous pour nous aider à explorer nos propres zones inexplorées.

Aide-mémoire

AIDER LES ENFANTS À SE DÉGAGER DES RÔLES QUI LES
EMPÊCHENT DE S'ÉPANOUIR, À LA MAISON ET À L'ÉCOLE

L'adulte :   *Nicole, tu es un vrai moulin à parole.*
              Impossible de placer un mot avec toi.

AU LIEU DE CATALOGUER AINSI L'ENFANT, VOUS POUVEZ :

1. RECHERCHER LES OCCASIONS DE LUI PRÉSENTER UNE
NOUVELLE IMAGE D'ELLE-MÊME.
  « Quelle maîtrise de soi ! Même si tu avais encore beaucoup
  de choses à dire, tu t'es rendu compte qu'il fallait donner
  aux autres la chance de parler. »

2. LA PLACER DANS DES SITUATIONS QUI LUI PERMETTENT DE SE
VOIR SOUS UN AUTRE ANGLE.
  « Nicole, j'aimerais que tu diriges la discussion (en classe /
  dans la famille) ; assure-toi que chacun puisse avoir son
  tour de parler. »

3. FAIRE EN SORTE QU'ELLE VOUS ENTENDE DIRE DES CHOSES
POSITIVES À SON SUJET.
  « Nicole a tellement de bonnes idées que c'est difficile pour
  elle de se retenir. Pourtant, je l'ai vue réussir à le faire. »

4. DONNER VOUS-MÊME L'EXEMPLE DU COMPORTEMENT QUE
VOUS SOUHAITEZ LUI INCULQUER.
  « Oh ! Je suis désolée. Je ne voulais pas t'interrompre.
  Termine ce que tu étais en train de dire. Je peux
  attendre. »

5. LUI RAPPELER SES RÉALISATIONS.

   « *Je me souviens de notre discussion sur la peine de mort. Tu as écouté avec calme, mais quand tu as finalement donné ton opinion, quelques personnes ont changé d'idée.* »

6. EXPRIMER VOS SENTIMENTS OU VOS ATTENTES.

   « *Nicole, quand les autres attendent leur tour de parler, j'aimerais que tes commentaires soient brefs.* »

Questions et récits provenant de parents et d'enseignants

1. Quand on encourage les enfants à cesser de jouer des rôles, tels que le Grand Patron, le Détracteur, Monsieur Têtu, Mademoiselle Sensible, ne court-on pas le risque de perdre un aspect positif du rôle tout en éliminant un aspect négatif ?

Chaque fois qu'on aide un enfant à prendre le risque d'adopter un nouveau comportement, on doit s'assurer d'appuyer tout ce qu'il y avait de positif dans le rôle qu'il jouait. Il y a lieu de souligner les qualités de leadership du Grand Patron. Les capacités d'observation du Juge méritent d'être notées. La persistance et la détermination de Monsieur Têtu doivent être respectées. Le grand cœur de Mademoiselle Sensible vaut la peine d'être reconnu.

2. J'essaie d'aider mon fils à passer du rôle de peu fiable à celui de fiable. Je me demande maintenant si je ne suis pas en train de le sortir d'un rôle pour lui en attribuer un autre. Qu'en pensez-vous ?

Ce qu'il importe d'éviter, c'est d'emprisonner l'enfant dans quelque rôle que ce soit. Il est aussi intimidant pour un enfant de se faire dire : « Tu es toujours si fiable » que de se faire dire : « On ne peut jamais compter sur toi. » Rappelez plutôt à votre fils une occasion où il s'est montré fiable : « Tu as dit que tu prendrais la responsabilité de trouver le coût du livre que tu as perdu, et c'est ce que tu as fait. » Ce message lui confirme qu'il est capable d'être fiable quand il choisit de l'être.

3. Je ne vois toujours pas ce qu'il y a de mal à dire à un enfant : « Tu es toujours tellement fiable. » Cela ne lui propose-t-il pas un idéal auquel il peut se mesurer ?

En disant à un enfant qu'il est toujours quoi que ce soit, vous le placez dans une situation difficile. Il peut soit se conduire de façon peu fiable pour prouver que vous êtes dans l'erreur, soit adopter le nouveau rôle qu'on lui donne, peu importe les circonstances ou le tribut personnel à payer (« Ma cheville n'est pas encore guérie, mais je ne peux pas laisser tomber mon équipe »). Nous voulons que nos enfants soient libres de pareilles contraintes, c'est-à-dire qu'ils puissent évaluer chacune des situations qui se présentent et prendre une décision basée sur leur propre jugement plutôt que sur l'opinion qu'un tiers pourrait avoir concernant la manière dont ils devraient toujours se conduire.

4. Que faire quand un enfant en catalogue un autre ? Je pense à ma fille Janie, qui traite son amie Suzanne de méchante et d'égoïste chaque fois que Suzanne refuse de lui donner ce qu'elle désire quand elles jouent ensemble.

Ne sous-estimez jamais le pouvoir que vous détenez, en tant que parent, d'influencer les enfants dont vous avez la responsabilité. Quand un enfant en catalogue un autre, vous pouvez intervenir en les aidant tous les deux à voir ce qu'il y a de meilleur chez l'un et chez l'autre : « Janie, que dirais-tu de faire ta demande à Suzanne sans lui lancer d'injure ? Je gage qu'elle est capable de se montrer généreuse si on le lui demande de façon amicale. »

RÉCITS D'ENSEIGNANTS

Ce premier récit nous vient de la mère d'une enfant étourdie.

Ma fille Pauline est le portrait tout craché du professeur distrait. Quand arrive le moment de faire ses devoirs, je découvre qu'elle a oublié son manuel ou qu'elle a égaré la feuille de directives, ou encore qu'elle a apporté son manuel mais qu'elle ne se souvient pas à quelle page se trouve l'exercice à faire. Même sa grand-mère, qui l'adore, dit que Pauline pourrait oublier sa tête si elle n'était pas attachée à ses épaules.

J'ai tout essayé : la patience, les cris, de longs sermons sur la responsabilité. Rien ne marche. Mon mari me répète que j'aggrave les choses et que je renvoie à Pauline une mauvaise image d'elle-même. La semaine dernière, il m'avait tellement contrariée que j'ai fini par lui lancer : « Très bien. Tu prends la relève. » Et c'est ce qu'il a fait.

Par exemple, quand Pauline m'a demandé trois dollars pour une sortie éducative, je n'ai pas fait d'histoires à propos de l'argent qu'elle avait perdu la dernière fois. Je lui ai seulement dit de s'adresser à son père. Il n'avait pas de petites coupures. Il lui a donc remis un billet de cinq dollars en lui disant : « Je m'attends à ce que tu me rendes la monnaie. Trouve un endroit sûr où garder ton argent jusqu'à ce que tu me le rendes. » C'est ce qu'elle a fait ! Elle a placé la monnaie dans sa chaussure et l'a rendue à son père à son retour.

Une heure après, elle a paniqué parce qu'elle ne retrouvait plus le carnet contenant la liste de ses devoirs. Mon mari a dit : « Pauline, quand tu seras prête à m'entendre, j'aurai une question à te poser. » Elle a tout de suite demandé : « Quoi ? »

Il a répondu : « Parmi tes camarades de classe, qui aurait copié cette liste ? »

Elle a répondu : « Carole. » Puis, elle s'est dirigée vers le téléphone. Plus tard, quand mon mari est allé lui souhaiter bonne nuit, il lui a redonné les deux dollars en lui suggérant d'utiliser l'argent pour se procurer le plus gros carnet possible et d'écrire sur la couverture quelque chose qui l'aiderait à se souvenir de l'apporter à la maison.

- Comme quoi, par exemple ? a-t-elle demandé.

- Une petite futée capable de penser à mettre sa monnaie dans sa chaussure est capable de trouver quelque chose à écrire.

- Je sais. Je vais écrire : « Ne m'oublie pas, petite futée ». Puis, elle a pouffé de rire.

Je dois l'avouer, je crois que mon mari est sur la bonne voie.

Le prochain récit met en scène une belle-mère qui est intervenue en vue de mettre ses belles-filles à l'abri des rôles que des proches maladroits voulaient leur assigner.

J'ai récemment épousé le père de deux jumelles qui ne se ressemblent pas. Durant une fête familiale, j'ai entendu leur oncle désigner à la blague les deux filles comme la beauté et le cerveau. Il est vrai que l'une est particulièrement jolie et que l'autre est première de classe, mais j'étais tout de même estomaquée.

Je me suis tournée vers les filles pour voir leur réaction. Aucune des deux ne semblait étonnée. C'était évident qu'elles avaient déjà entendu l'oncle s'exprimer ainsi. Une des tantes a essayé de changer le sujet de conversation, mais j'étais tellement contrariée que je ne pouvais laisser passer cela. J'ai dit d'une voix forte : « Je connais Julie et Hélène depuis bientôt un an et je suis en mesure de vous dire qu'en tant que personne qui vit avec elles, je considère qu'elles sont toutes les deux dotées d'une intelligence supérieure. Et à mes yeux, elles occupent l'une et l'autre le premier rang au rayon de la beauté. »

Je n'ai sans doute pas gagné l'affection de l'oncle, mais j'ai pu noter, par l'expression sur le visage des deux filles, qu'elles étaient vraiment contentes que j'aie pris la parole.

Une mère qui faisait du bénévolat dans une école nous a rapporté l'expérience qui suit.

On m'avait envoyée dans une classe multiraciale d'élèves de sept et huit ans dont la plupart étaient défavorisés. Leurs parents étaient surtout des travailleurs saisonniers. L'enseignante m'a prise à part dès le premier jour pour me dire que je m'occuperais de Daniel et Jonathan, tous deux âgés de 9 ans. Puis, elle m'a renseignée sur leur milieu. Daniel venait d'un foyer où régnaient la drogue et la violence. Jonathan vivait avec sa grand-mère parce que son père était en prison. Elle m'a prévenue de ne pas m'attendre à ce qu'ils fassent beaucoup de progrès : « Tous les deux adorent causer des ennuis et ils ne sont pas trop brillants. En fait, dans cette école – elle s'est tue brièvement, puis elle a baissé le ton – on appelle ces enfants des déchets. »

Je n'en revenais pas. Des rebuts ? Des enfants jetables ? Des détritus humains ? C'était pour moi des paroles de défi ! J'ai commencé ma première heure de lecture avec les garçons, déterminée à bien m'occuper d'eux. Ils se sont mis à bâiller. Daniel m'a dit qu'il s'était couché à 2 h du matin après avoir regardé le dernier film à la télé ; quant à Jonathan, il avait faim. J'ai découvert par la suite qu'il n'avait pas pris son petit déjeuner.

Le lendemain, je leur ai apporté une collation ; ils l'ont mangée pendant que je leur lisais une histoire. Puis, j'ai donné à chacun un livre d'énigmes et d'histoires drôles en leur demandant d'en lire une à haute voix. Jonathan a choisi une histoire à propos d'un fermier et de son cochon. La conclusion m'a fait rire aux éclats. Daniel a alors demandé : « Je peux lire la mienne ? » Il a lu d'une voix hésitante, mais il semblait en saisir le sens.

Cette journée a brisé la glace entre nous. J'ai continué de leur apporter une collation et de les faire travailler en lecture et en maths. J'ai réalisé petit à petit que l'enseignante s'était trompée. Ils étaient brillants, tous les deux. Jonathan comprenait vraiment ce qu'il lisait et Daniel était fort en calcul. Je n'ai jamais raté une occasion de leur dire combien j'étais impressionnée par leur progrès rapide et jusqu'à quel point je prenais plaisir à travailler avec eux. Je n'exagérais pas. J'étais vraiment tombée amoureuse de ces deux enfants.

Après quelques mois, leur rendement en lecture et en maths était devenu normal pour leur âge et ils se montraient coopératifs en classe. Je sentais que j'avais eu raison. C'était à coup sûr parce que j'avais traité ces prétendus déchets comme des enfants importants et respectés auxquels je tenais énormément.

Quelques semaines avant la fin du trimestre, la famille de Daniel a été expulsée de son logis et il a dû quitter l'école. En arrivant en classe, le dernier jour, il semblait triste et renfermé. Je lui ai dit que je m'organiserais pour que sa nouvelle école me donne son adresse afin que nous puissions lui écrire, Jonathan et moi. Puis je l'ai embrassé en lui disant que je ne l'oublierais jamais.

Les jours suivants, je me suis rendu compte que Daniel me manquait terriblement. Comme j'aurais aimé que nos rencontres aient été plus nombreuses ! «Dans un monde impersonnel et hostile, me disais-je, combien longtemps durera la meilleure image de lui-même qu'il a acquise ?»

QUESTIONS D'ENSEIGNANTS

---

1. On m'avait dit que, dès le premier jour de classe, je devrais renseigner mes élèves sur les règlements en vigueur et sur les conséquences encourues en cas d'infraction : nom écrit au tableau; perte des privilèges reliés aux récréations; appel téléphonique aux parents; retenues et ainsi de suite jusqu'à l'exclusion temporaire. Je me demande maintenant si cette façon de procéder ne place pas les enfants dans le rôle de «fauteur de troubles», en leur transmettant le message que je m'attends à ce qu'ils se conduisent mal. Qu'en pensez-vous ?

Les élèves ont tendance à se conduire bien ou mal en fonction des attentes de leurs enseignants. Si vous les percevez comme des personnes fautives qu'on doit reprendre et remettre dans le droit chemin, ils vont vous donner du fil à retordre. Si vous choisissez plutôt de voir la moindre parcelle de positif en eux et d'en faire votre point de départ, ils s'emploieront à justifier la confiance que vous leur accordez.

Une enseignante nous a raconté qu'elle commence l'année en décrivant quelques-uns des projets les plus passionnants qu'elle a en tête (par exemple, une station de radio en classe). Elle explique clairement qu'elle a besoin de la contribution et de la participation de chacun. Puis, en désignant une liste épinglée au tableau d'affichage, elle poursuit: «Maintenant, jetons un coup d'œil sur quelques règlements qui vont nous aider à atteindre nos objectifs. Vous les connaissez probablement déjà, pour la plupart.»

Elle a ajouté: «C'est ainsi que, dès le départ, mes élèves apprennent que je les perçois comme des personnes fondamentalement responsables, capables de coopérer, de se montrer créatives et d'apporter à la classe une contribution valable.

2. Que pouvons-nous faire si, en dépit de nos plus grands efforts, un élève persiste à s'enfermer dans un rôle ?

Persévérez. Ne pensez pas que la résistance de l'enfant vous vise personnellement. Le jeune qui s'enferme dans un rôle négatif ne cherche pas nécessairement à vous indisposer. Il s'accroche probablement à ce qui est sécurisant et familier pour lui. Il vous faudra utiliser souvent votre nouveau langage et maintenir longtemps votre nouvelle attitude avant qu'il puisse commencer à vous faire confiance ou à se faire suffisamment confiance à lui-même pour oser faire l'expérience de nouveaux comportements.

3. Dans le voisinage où j'enseigne, l'environnement au complet est tellement violent que certains enseignants

semblent accepter comme un fait l'idée que les jeunes sont des délinquants en herbe ; qu'ils sont méchants et brutaux entre eux, même dans leurs jeux ; qu'on n'y peut rien. Je me demande si vous êtes d'accord.

L'opinion que vous décrivez peut être dangereuse. Quand nous, les adultes, en tant que témoins silencieux, nous permettons aux enfants de se blesser entre eux, sous prétexte que c'est un jeu, nous sanctionnons une forme de violence susceptible de se répandre dans toutes leurs relations. Nous ne devons pas traiter les enfants tels qu'ils sont, mais comme nous espérons qu'ils vont devenir.

Une enseignante nous a raconté qu'elle se sentait profondément bouleversée par la façon dont ses élèves se blessaient sans aucune pitié les uns les autres, physiquement et verbalement. Elle a pris la décision de les aider à se percevoir comme des personnes capables d'être sensibles aux sentiments des autres. Quand leurs jeux de mains devenaient trop rudes, elle intervenait en disant : « Hé ! Ça peut faire mal ! Une façon de savoir si on fait mal à quelqu'un, c'est de lui regarder le visage. A-t-il l'air bouleversé ? Est-ce qu'il pleure ? C'est ce qui vous indiquera que vous êtes allé trop loin. »

Un jour, durant la récréation, elle a aperçu deux enfants qui en maintenaient un autre par terre, dans ce qui avait commencé comme un match de lutte amicale. Le garçon qui était plaqué au sol devenait de plus en plus affolé, mais les autres en rajoutaient en riant. Quand elle a essayé d'y mettre fin, les garçons ont protesté en disant qu'ils ne se battaient pas. Ils étaient juste en train de jouer et d'avoir du plaisir.

Elle a répliqué : « Dans un match de lutte amical, tout le monde devrait avoir du plaisir. Vous devez demander au garçon qui est en-dessous si lui, il a toujours du plaisir. S'il n'en a plus, il faut que ça cesse. » Pour résumer, elle leur a dit : « Je veux que mes élèves sachent que je ne leur permettrai pas de brutaliser les autres ou de se faire brutaliser en ma présence. »

4. Les enfants n'ont-ils pas des différences réelles de personnalité qui sont innées ? J'ai observé que certains de mes élèves sont réellement plus impulsifs, timides ou agressifs que les autres. **Ils ne jouent pas un rôle qu'on leur assigne.**

Ce n'est pas parce qu'un enfant est né avec une prédisposition génétique particulière qu'il doit y rester enfermé comme dans un piège. L'enfant impulsif a besoin d'aide pour s'entraîner à ralentir et à considérer les conséquences de ses actes. L'enfant timide a besoin de faire l'expérience du plaisir d'entrer en contact avec les autres. L'enfant agressif a besoin d'apprendre à établir des rapports pacifiques. Nous devons aider tous les enfants à devenir totalement ce qu'ils sont capables d'être.

LE RÉCIT D'UNE ENSEIGNANTE

L'expérience qui suit démontre ce qui peut survenir quand une enseignante est déterminée à voir un élève sous un nouveau jour.

Dominique Jardine était un garçon de 10 ans insupportable et deux fois plus gros que tout autre élève de ma classe. À cause de sa stature, on se serait attendu à plus de maturité de sa part, mais il se conduisait comme un grand idiot, bruyant et toqué. Il frappait les autres enfants derrière la tête et il les poussait ; il gesticulait, courait dans le couloir en hurlant : « Grrr ! » s'il entendait venir quelqu'un. N'importe quoi pour attirer l'attention. Si ça ne marchait pas, il se mettait à parler à haute voix de téton et de caca.

Les élèves ne l'aimaient pas d'ailleurs. Il passait son temps à les ridiculiser : « Tu ne savais pas ça ? Quel débile ! » Au cours d'une sortie scolaire, il insistait pour occuper deux sièges à lui seul dans l'autobus. À la cafétéria, il engloutissait son sandwich, puis il sortait sa langue enduite de nourriture à peine mâchée et se mettait à rire.

J'en suis venue à répéter son nom de plus en plus souvent, d'un ton de plus en plus contrarié : « Dominique, vas-tu cesser ? Dominique, calme-toi ! » Parfois, je le repoussais physiquement sur son siège en disant : « Dominique, ASSIEDS-TOI ! » Ma voix transmettait comme message sous-jacent : « Tu me déplais. Ta seule présence suffit à m'irriter. Tu me casses les pieds. »

Une fois, il m'avait tellement exaspérée que j'ai fait le geste de m'arracher les cheveux. Les yeux de Dominique ont étincelé de plaisir. Avec un grand sourire, il a dit : « Je vous rends folle, hein, Madame Bourgeois ? » Il avait atteint son objectif. Et pas seulement avec moi. Tous les enseignants de l'école connaissaient son nom et ils le détestaient tous. Au repas, ils échangeaient des anecdotes à son sujet. Il avait réussi à se faire une réputation dans toute l'école. C'en était presque drôle, mais d'une façon horrible.

Il perturbait tellement la classe que j'ai songé à consulter le conseiller d'orientation ou le psychologue scolaire à son sujet. Mais au fond de moi une idée persistait, celle de relever moi-même le défi. Je savais que s'il restait une parcelle de possibilité de changement chez Dominique, il me fallait changer de tactique. Je savais aussi que je ne devais pas le faire de manière mécanique. Je devais trouver chez Dominique au moins une qualité qui me plaisait ou que j'admirais sincèrement. En l'absence de sentiments réels à l'égard de l'enfant, tout le processus tournerait en exercice de manipulation. Cela aurait peut-être été mieux que rien du tout, mais j'espérais mieux.

Le lendemain, je me suis mise à observer Dominique comme un faucon. Ce qui l'a racheté, ce fut son talent pour le dessin. Il pouvait regarder n'importe quel objet et le reproduire avec précision. J'ai vu que Félix cherchait à lui montrer son propre dessin. Félix avait des difficultés de coordination ; ses dessins étaient à peine compréhensibles. Malgré cela, il a désigné du doigt ses quelques lignes ondulées en disant à Dominique : « Regarde, c'est un homme qui s'apprête à tuer un dinosaure. »

J'ai cru que Dominique allait se moquer de lui, mais il a plutôt souri gentiment et désigné les gribouillis en disant des choses encourageantes comme : « Ouais ! Et voici un extra-terrestre qui descend en vaisseau spatial. » Cela m'a touchée. Dominique pouvait donc être gentil. Voire même généreux ! Peut-être parce qu'il se sentait si sûr de lui dans le domaine de l'art.

À partir de ce moment-là, j'ai lancé ma campagne constructive. J'ai commencé par choisir Dominique pour exécuter de petites tâches, telles que nettoyer le tableau, classer les livres par ordre alphabétique ou nourrir la tortue, pour m'empresser ensuite de le remercier de son aide. Il s'est avéré que Dominique aimait les animaux. Je l'ai chargé de s'occuper des hamsters pour la semaine en lui disant que les animaux semblaient aimer qu'il les prenne parce qu'il était vraiment doux avec eux. Ses yeux ont brillé de fierté.

Puis, j'ai entrepris d'aider les autres élèves de la classe à le voir différemment. Chaque fois que quelqu'un avait besoin d'aide, je disais : « Oh ! Demande à Dominique de te montrer comment faire. Il s'y connaît en fractions. » Ou encore : « Dominique, toi qui connais beaucoup de choses à propos des animaux, quelle race ferait un bon chien de garde ? » J'espérais qu'ils pensent que, si l'enseignante ne le percevait plus comme une peste, c'était peut-être parce qu'il n'en était pas une.

Quand je devais absolument le réprimander, j'essayais de commencer ma réprimande par quelque chose de positif : « Dominique, je sais que c'est difficile d'attendre son tour, mais il faut que Félix termine ce qu'il veut dire. » Ou bien : « Dominique, je sais que ce n'est pas facile de résister à l'envie de te lever, mais pour le moment, il faut que tout le monde reste assis et prête attention. » Après un certain temps, Dominique a commencé à dire des choses comme : « Vous voyez, Madame Bourgeois, je me contrôle ! » Ou bien : « Vous voyez, j'ai attendu mon tour. » Ou encore : « J'avais envie de me lever d'un bond, mais je ne l'ai pas fait. » Je répondais aussitôt, toujours avec chaleur : « J'ai remarqué, ou c'était difficile à faire. »

Puis, je me suis mise à écrire de courtes notes à sa mère :

Chère Madame Jardine,
Pendant le dernier mois, Dominique était chargé de s'occuper des animaux de compagnie de la classe. Tous les animaux sont propres, bien nourris et heureux.
Cordialement,
Lise Bourgeois

Dominique en était ravi. Il m'a demandé de parler de lui à ses autres enseignants. J'étais heureuse de lui rendre ce service : « Madame Kenny, Dominique a dessiné une carte des États-Unis et il a bien indiqué tous les États et leurs capitales. »

Ces petites modifications dans mon comportement ont entraîné d'importants changements chez Dominique. Il est devenu très affectueux envers moi. Il a cessé d'agacer, de pousser, et de taquiner les autres élèves. À tous moments, il proposait spontanément ses services pour aider quelqu'un à dessiner, à lire ou à transporter des choses. Quand, faute d'argent, son nouvel ami Félix a dû renoncer à une sortie éducative, Dominique est d'abord devenu abattu, mais un peu plus tard, il lui a prêté l'argent. Il a développé de l'esprit d'équipe. L'ennemi de tous était devenu l'ami de tous. Il partageait son sandwich, ses bonbons, tout. Il était devenu M. Sociabilité. Il était encore bruyant et agaçant, mais à ces imperfections étaient désormais associés des traits socialement désirables qui les tempéraient.

Les autres enseignants se rendaient compte des sentiments de Dominique à mon égard et ils s'en servaient pour contrôler son comportement. Ils disaient : « Si tu n'arrêtes pas, je le dirai à madame Bourgeois » et il s'arrêtait pile. Il ne voulait pas qu'on me dise du mal de lui.

Mais en fin de compte, sa nouvelle façon d'agir ne s'est pas propagée auprès des autres enseignants. Ils ne l'estimaient toujours pas et il n'allait pas se donner la peine de se montrer coopératif ou gentil avec des gens qui le traitaient comme s'il était un fléau. Impossible d'intimider Dominique au point de l'amener à mieux se conduire s'il sentait qu'on n'avait pas de sollicitude pour lui. Il fallait l'estimer pour gagner son estime.

7

La coopération
entre parents et enseignants

La journée avait été difficile. À la fois tendue et stimulée à l'idée de rencontrer chacun des parents, j'avais épuisé toute mon énergie. Et il me restait encore une longue soirée de consultations devant moi. Faute de temps, je ne pouvais rentrer manger. Je me suis donc rendue à un petit restaurant en ville, dans l'espoir de prendre un repas calme et reposant avant la prochaine vague de parents.

L'homme qui a garé sa voiture juste à côté de la mienne m'a semblé familier. Je l'ai reconnu aussitôt qu'il est apparu dans la lumière.

« Michel, me suis-je écriée, comme je suis contente de te voir ! Qu'est-ce que tu fais là ?

- Probablement la même chose que toi, m'a-t-il répondu avec un large sourire. J'ai encore trois autres rencontres au programme ce soir et j'ai besoin de refaire le plein. On casse la croûte ensemble ? J'aimerais savoir comment on te traite à Hemlock. »

Adieu repas tranquille. Une fois à l'intérieur du restaurant bondé, nous avons cherché du regard une table libre. Il n'y en avait pas. J'ai aperçu une main qui me hélait et j'ai entendu : « Lise ! Par ici ! » C'était Julie, une amie d'adolescence, qui avait quitté la région depuis longtemps. Elle était accompagnée de Martha, sa sœur aînée.

« Ne prends pas cet air surpris, a-t-elle dit. Je suis en visite chez Martha pour quelques jours. Viens nous joindre. »

Par geste, j'ai essayé de lui signifier que nous étions ensemble, Michel et moi. Tout en acquiesçant, Julie a montré deux chaises libres à sa table et nous a fait signe de nous avancer tous les deux. Au début, la conversation a porté sur les présentations et la remise au courant. Julie était maintenant une mère monoparentale qui se tirait bien d'affaire par ses propres moyens avec son «bébé», maintenant âgé de 6 ans. Le fils aîné de Martha était adolescent. J'ai expliqué que Michel et moi étions d'anciens collègues; que j'avais été mutée à une nouvelle école tandis que lui était toujours à la même école; et que nous prenions tous les deux une pause dans nos séries de rendez-vous avec les parents.

«Des rendez-vous avec les parents d'élèves? a demandé Julie avec dégoût. J'en ai un la semaine prochaine et je n'ai pas du tout hâte de m'y présenter.»

Cela m'a paru une chose étrange à dire. Une fois le repas commandé, j'ai dit : «On dirait que ton dernier rendez-vous t'a laissé un mauvais souvenir.»

Julie a roulé les yeux en soupirant. J'étais curieuse mais je ne voulais pas être indiscrète. Michel n'avait pas ce genre de scrupule. «Pourquoi ? Qu'est-ce qui s'est passé de travers ?

- Je ne sais pas si vous pouvez comprendre, a répondu Julie avec nervosité. Vous n'êtes pas mère.

- Je dois l'admettre, a dit Michel. Mettez-moi quand même à l'épreuve.»

Julie a marqué une pause, brièvement. Puis elle a poursuivi : «Je ne sais pas si je peux l'expliquer mais… Voyez-vous, je crois que ma fille Brigitte est une enfant épatante. Mais quand je me suis rendue à mon dernier rendez-vous, l'enseignante m'a dit avec un petit rire qui sonnait faux : «Eh bien, pour être parfaitement honnête, Brigitte manque "un tout petit peu" d'organisation; de plus, elle ne dit pas toujours "exactement" la vérité.» Je me suis sentie mal. Une fois rentrée, je me suis mise à regarder Brigitte d'un autre œil et à me demander si elle m'avait dupée et si vraiment elle était sournoise et peu ordonnée.»

L'expérience de Julie me consternait. «C'est terrible, ai-je dit. Après la réunion, tu t'es mise à douter de ta propre fille.

- Et je ne devrais probablement pas parler ainsi, a continué Julie, mais les enseignants ont le don de me faire sentir que c'est ma faute si quelque chose ne va pas chez mon enfant. Si seulement j'avais « fait ceci ou cela », si j'avais passé plus de temps avec elle ou si j'étais une « meilleure mère », Brigitte serait une meilleure enfant… Cela peut sembler complètement idiot, mais j'ai parfois l'impression que certains enseignants se croient supérieurs à moi parce qu'ils ont un diplôme universitaire et que je n'en ai pas. »

Michel a froncé les sourcils. « Oh ! voyons, a-t-il dit d'un ton moqueur.

- Ne rejetez pas ce que Julie tente de vous dire, a répliqué Martha en agitant le doigt. J'ai un diplôme universitaire et il se trouve aussi que je suis vice-présidente de mon entreprise. Mais je me souviens très bien comment je me sentais quand de devais m'asseoir sur un de ces petits sièges pour enfants, face au bureau de l'enseignante, et rester là à l'écouter me parler du manque de capacité d'écoute de mon fils. En moins d'une minute, je redevenais une petite fille effrayée qui se faisait gronder par une enseignante.

- Attendez ! ai-je dit. Je ne vous suis pas très bien. Ce n'est pas ce que j'appelle une rencontre si l'enseignant est le seul à parler et à vous dire ce qui ne va pas chez votre enfant. Non. Selon moi, une rencontre, c'est comme une rue à double sens. Comme enseignants, nous voulons entendre ce que vous avez à dire, vous les parents. Nous en avons besoin. C'est le but de la rencontre. Vos idées sont les bienvenues.

- Vraiment ! a enchaîné Martha avec dédain. Alors, pourquoi ai-je l'impression d'avoir à marcher sur des œufs avant d'oser faire la moindre suggestion ? Parce que, Dieu m'en garde, s'il fallait que je blesse l'enseignante en insinuant qu'elle pourrait agir autrement et qu'elle se fâche contre moi, je sais rudement bien que mon enfant en subirait les contrecoups.

- Martha, c'est injuste ! ai-je protesté. Et ce n'est même pas vrai !

- Mais ce qui m'agace vraiment, a poursuivi Martha sans tenir compte de mes protestations, c'est le ton condescendant que prennent les enseignants : « Le problème de Michaël, c'est bla-bla-bla. Je sais que vous travaillez, mais peut-être si vous passiez un peu plus de temps avec lui... » Ou encore : « Si Michaël ne commence pas dès maintenant à améliorer son niveau d'attention, il ne sera jamais capable de s'en tirer à un niveau plus avancé. » Et je finis toujours par me sentir coupable et loin d'être à la hauteur quand j'entends : « Je suis désolée de vous le dire, mais le rendement de votre fils est inférieur à ce qu'il pourrait être. »

Les commentaires de Martha m'ont supéfaite et embêtée. Je venais tout juste, l'après-midi même, de dire exactement les mêmes paroles à des parents. Ma première réaction a été de plaider longuement ma propre défense et celle de tous mes collègues, mais j'ai décidé d'adopter plutôt une autre tactique.

« Y a-t-il autre chose qui vous contrarie ? ai-je demandé avec calme.

- Oui ! a poursuivi Martha, qui a aussitôt sauté sur l'occasion. Je déteste qu'on utilise avec moi un jargon d'enseignant, qui me porte à me sentir stupide : « Si vous voulez que Michaël en arrive à décoder les combinaisons de phonèmes et de consonnes (comprenez : lire), vous devez consacrer une heure chaque soir à son programme de lecture. »

- Et quels parents, a ajouté Julie, disposent d'une heure chaque soir, après le travail, les courses et le ménage ? Pour ma part, après avoir fait le repas, la vaisselle, la lessive et mis Brigitte au lit, je suis trop fatiguée pour faire autre chose que lui lire une histoire.

- Mais ce qui m'irrite au plus haut point, a poursuivi Martha, après un signe d'approbation, c'est que les enseignants ne se sentent pas responsables de communiquer avec les parents. Je n'entends jamais parler d'eux avant que le problème soit devenu tellement sérieux qu'il faudrait un miracle pour le résoudre. C'est ce qui s'est passé quand Michaël, à l'âge de 15 ans, a cessé de faire ses devoirs de sciences sociales. L'enseignant n'a pas pris la peine de m'en informer avant la semaine précédant la remise des bulletins. Comment un enfant peut-il venir à bout de quinze devoirs dans une semaine ? »

C'en était trop ! « Attendez ! ai-je dit. Tout ce que vous dites peut être vrai, mais tâchez de comprendre : les enseignants ont trente enfants et plus dans une classe, et chacun d'eux a besoin d'attention. Ce n'est pas réaliste de s'attendre à recevoir un appel personnel chaque fois qu'un élève prend du retard dans son travail. »

Très calmement, Michel a demandé : « Vous, les parents, qu'attendez-vous au juste des enseignants ? »

Martha a regardé Michel droit dans les yeux : « Du respect, a-t-elle répondu. J'aimerais que les enseignants nous traitent, moi et mon enfant, avec le même genre de respect qu'ils réclament pour eux-mêmes. »

J'ai vu le visage de Michel devenir tout rouge. « Du respect ? a-t-il brusquement répondu. Avec quel respect traite-t-on les enseignants ? Tout le monde se défoule sur nous. On nous tient responsables de tout ce qui va de travers et ça vient de tous les côtés. Les parents se plaignent de nous ; les enfants sont insolents ; la direction nous demande d'ajouter toujours plus de contenu au programme ; l'administration exige que nous soyons plus créatifs, tout en réduisant notre budget de fournitures essentielles ; les universités ne sont pas satisfaites de nous parce que les jeunes ne sont pas assez bien préparés aux études supérieures ; quant aux entreprises, elles nous accusent de leur envoyer des diplômés qui ne sont pas prêts pour le marché du travail. Existe-t-il des gens qui accordent sincèrement leur appui à l'éducation ? Est-on vraiment prêt à verser aux éducateurs le salaire qu'ils méritent ? La population locale n'a même pas accepté qu'on émette des obligations qui auraient rapporté de l'argent au système scolaire. »

Julie était bouche bée. À la table voisine, les gens se sont retournés pour nous regarder. J'étais vraiment mal à l'aise.

Cette fois, Michel était allé trop loin. Mais Martha n'était pas désarçonnée par son emportement.

« Eh bien, moi j'ai voté en faveur de l'émission d'obligations, a-t-elle affirmé avec vigueur. Et s'il n'en tenait qu'à moi, vous, les enseignants, vous auriez obtenu une importante augmentation de salaire ainsi que tout l'argent dont vous avez besoin pour acheter tout le matériel nécessaire. Mais ce que Julie et moi tentons de dire, c'est que les parents sentent qu'on ne les respecte pas et qu'on les exclut de l'éducation de leurs enfants. C'est vrai, nous n'avons pas votre compétence professionnelle, mais nous avons beaucoup à offrir pourvu que vous nous en laissiez la chance. Nous tenons à vous venir en aide ! »

- L'aide des parents ? a explosé Michel. L'aide des gens qui ne se donnent même pas la peine de venir à un rendez-vous qui les priverait de leur émission de télé favorite ? L'aide de ceux qui sont trop soûls ou drogués pour s'en soucier le moins du monde ? L'aide des parents qui ne se gênent pas pour retirer de l'école un enfant plus âgé afin qu'il prenne soin d'un plus jeune ? L'aide des parents qui insistent pour que leurs enfants reçoivent d'excellentes notes parce que Maman et Papa sont prêts à tout pour qu'ils soient admis dans une université prestigieuse ? »

Martha n'est pas revenue sur ses positions. « Michel, a-t-elle insisté, vous faites aux parents un procès injuste. »

Elle s'est tournée vers moi pour obtenir mon soutien : « Lise, avez-vous eu les mêmes problèmes ? »

J'avais désespérément envie de calmer les esprits, mais Martha cherchait la vérité et j'ai soudain senti le besoin de parler franchement.

« Pas tout à fait, ai-je répondu. J'ai des parents avec qui c'est un véritable plaisir de travailler, mais il y en a d'autres à qui j'hésiterais à soumettre un problème. J'ai dit à un père que son fils nuisait au bon déroulement de la classe et l'enfant a reçu une fessée le soir même. Ces jours-ci, j'ai un couple qui se dispute la garde d'un enfant. C'est évident pour moi que l'enfant a de sérieux problèmes, mais pendant la rencontre, ils n'ont pas cessé de se blâmer l'un l'autre et de tenter de me faire prendre parti… J'imagine que, de nos jours, les parents éprouvent tellement de stress et de blessures dans leur vie personnelle qu'il leur est difficile de se concentrer sur leurs enfants. Je trouve que je dois d'abord m'intéresser à eux et à leurs problèmes avant même qu'ils puissent commencer à discuter de tout problème que pourraient avoir leurs enfants.

- J'abandonne, a dit Martha en levant les bras au ciel. D'après vous, nous les parents, nous sommes une pathétique bande d'irresponsables centrés sur nous-mêmes.

- Ne vous sentez pas personnellement visée, a répliqué Michel. Nous nous défoulons, c'est tout. Bien sûr, les parents merveilleux existent. Ils font de leur mieux et même davantage. Ce que vous entendez, ce sont les divagations de deux enseignants frustrés qui se soucient beaucoup de vos enfants et qui sont contrariés parce qu'ils ne reçoivent pas toujours, de la part des parents, l'appui dont ils ont besoin. »

Tout le monde a gardé le silence. Timidement, Julie a relancé la conversation. « J'imagine qu'en me rendant à un rendez-vous, je m'inquiète de ce que l'enseignant aura à dire à propos de mon enfant. Il ne m'arrive jamais de penser aux sentiments ou aux besoins de l'enseignant.

- Eh bien, pour être tout a fait justes, nous devrions peut-être y songer, a concédé Martha. Lise, que voulez-vous au juste de nous, les parents ? »

Sa question m'a prise au dépourvu. J'ai réfléchi un moment, puis j'ai répondu : « Des renseignements honnêtes à propos de votre enfant : comment il se comporte à la maison, ses intérêts, ses préoccupations… tout ce que vous pourriez me dire pour m'aider à mieux le comprendre. Et s'il y a un problème quelconque, j'aimerais que les parents acceptent volontiers de réfléchir avec moi et de coopérer pour qu'en fin de compte, nous servions les meilleurs intérêts de l'enfant. »

Martha a approuvé d'un signe de tête. « Et vous, Michel ? Que souhaitez-vous ?

- Des commentaires, a-t-il répondu. Parmi les efforts que je fais chaque jour en faveur de vos enfants, je veux savoir lesquels produisent un effet – à supposer qu'il y en ait. Qu'a-t-il à dire à propos de l'école ? Ou à mon sujet ? Sans un minimum de réactions, il est difficile de prendre une décision intelligente quant aux points sur lesquels il faudrait insister davantage et ceux sur lesquels il vaudrait mieux insister moins.

- Je ne dis pas le contraire, a enchaîné Martha. »

Michel s'est carré dans sa chaise, puis il a fait du bras un geste de galanterie. « Martha, la parole est à vous. Vous aviez des choses importantes à dire au sujet des enseignants. Supposons que je vous renvoie maintenant la question. Qu'attendez-vous au juste de notre part, vous, les parents ? »

Le front de Martha s'est ridé. Puis, elle s'est mise à parler, lentement.

« Pour moi, ce qui importe, c'est de retirer de la rencontre quelque chose à quoi m'accrocher. D'avoir de mon enfant une image qui contribue à me donner des sentiments positifs à son égard. Je crois que les enseignants n'ont aucune idée de leur pouvoir, ni de l'effet de leurs paroles. L'expérience de la plupart des parents se limite à quelques enfants. Les enseignants sont en contact avec des centaines d'enfants au cours de leur carrière. L'opinion d'un enseignant au sujet de leur enfant a énormément de poids pour les parents. Quand un enseignant vous dit que votre enfant est exceptionnel d'une façon ou d'une autre, bonne ou mauvaise, vous le prenez au sérieux. Et ses paroles vous restent dans la tête.

« Je me souviens comme j'étais irritée et dégoûtée quand Michaël fréquentait la garderie ; contrairement aux autres enfants de 4 ans, il s'accrochait et pleurnichait, il n'était pas indépendant et il était peu porté à aller vers les autres. Mais ma rencontre avec son éducatrice a tout changé pour moi. Radieuse de plaisir, elle m'a dit : 'Je suis tellement contente de faire la connaissance de la maman de Michaël. C'est un petit garçon exceptionnellement affectueux et chaleureux.' Ses paroles ont pénétré en moi comme un rayon de lumière. Jamais auparavant je n'avais pensé à lui de cette manière. L'image de mon fils qu'elle me présentait m'a parue juste. Elle ne saura jamais combien de fois cette image m'a consolée.»

J'étais touchée par le récit de Martha. Je me suis retournée vers Julie et lui ai touché le bras. «Et toi, Julie, ai-je demandé, qu'aimerais-tu retirer d'un rendez-vous avec l'enseignant de ton enfant ?

- J'aimerais en retirer quelque chose que je pourrais dire à ma fille pour lui donner davantage confiance en elle-même... Quelque chose que je pourrais répéter à Brigitte quand elle me regarde avec ses grands yeux et qu'elle me demande : «Qu'est-ce que l'enseignante a dit de moi ?»

Le reste de notre heure de repas s'est vite écoulé. Nous avons parlé honnêtement. Chacun communiquait aux autres ce qui lui paraissait le plus important dans son rôle de parent ou d'enseignant. Nous avons décrit le rendez-vous idéal, d'abord selon la perspective des parents, puis selon celle des enseignants.

Les pages suivantes contiennent, sous forme de bandes dessinées, l'essentiel de nos discussions.

La rencontre idéale (SELON LES PARENTS)

Au lieu de commencer par ce qui ne va pas

Commencez par me dire quelque chose de positif à propos de mon enfant

Au lieu d'énumérer toutes les faiblesses de mon enfant

Indiquez-moi ce qu'il devrait faire

Au lieu de me dire quoi faire

Décrivez ce qui a donné de bons résultats à l'école

La rencontre idéale (SELON LES PARENTS)

Au lieu de désespérer de mon enfant

Dressez un plan avec moi

Au lieu d'oublier le plan

Mettez le plan à exécution

Au lieu de trahir mes confidences

Respectez ma vie privée

La rencontre idéale (SELON LES ENSEIGNANTS)

*Au lieu de commencer
par ce qui ne va pas*

Commencez sur une note positive

Au lieu de m'attaquer

Decrivez les besoins de votre enfant

Au lieu de retenir des renseignements

*Faites part
des renseignements pertinents*

La rencontre idéale (SELON LES ENSEIGNANTS)

Au lieu de me dire quoi faire

Dites ce qui a donné de bons résultats à la maison

Au lieu de refuser de coopérer

Aidez-moi à dresser un plan

Au lieu de laisser tomber le plan

Mettez le plan à exécution

Après avoir comparé nos différentes versions de la rencontre idéale entre parents et enseignant, nous avons constaté jusqu'à quel point nos besoins étaient semblables.

- Que nous soyons parents ou enseignants, nous avons besoin, de part et d'autre, de reconnaissance, d'information et de compréhension.
- Nous avons besoin, les uns autant que les autres, que nos efforts soient reconnus.
- Nous avons besoin de nous sentir respectés les uns des autres.
- Nous avons besoin, de part et d'autre, de collaborer, de nous soutenir et de rechercher ce qu'il y a de meilleur chez les uns comme chez les autres, afin de donner à nos enfants ce que nous avons de mieux à leur offrir.

Au moment du départ, c'est avec regret que nous nous sommes dit au revoir. Je crois que nous ressentions tous l'intensité de l'expérience émotionnelle que nous venions de vivre pendant les courts moments que nous avions passés ensemble. Nos points de départ étaient aux antipodes. Parents et enseignants dans des camps adverses. Nous contre eux. Pourtant, quand le moment de nous quitter est venu, nous étions tous sur le même terrain, membres de la même équipe, unis par l'importance que nous attachions au développement de nos enfants et par notre volonté de n'abandonner aucun enfant à son sort.

Aide-mémoire

Au lieu de commencer par ce qui ne va pas, vous pouvez…
1. Commencer par décrire quelque chose qui va bien.

L'enseignante : J'adore les questions sérieuses de Samuel.
Le parent :   Samuel a aimé votre cours sur les fusées.

Au lieu de mettre l'accent sur ce que l'enfant n'a pas fait,
vous pouvez…
2. Décrire ce que l'enfant devrait faire.

L'enseignante : Il faudrait que Samuel rattrape ce qu'il a
*   manqué pendant la semaine où il a été malade.*
Le parent :   Je crois qu'il se sent débordé. Il lui faudrait
*   peut-être un peu d'aide pour se rattraper.*

Au lieu de garder l'information pour soi, vous pouvez…
3. Communiquer l'information pertinente.

Le parent :   D'habitude, il jouait dehors à son retour.
*   Maintenant, il se contente de s'asseoir devant*
*   la télé.*
L'enseignante : Dernièrement, je le vois souvent bâiller en
*   classe.*

Au lieu de vous donner mutuellement des conseils, vous
pouvez…
4. Décrire ce qui a bien marché à la maison ou à l'école.

Le parent :   Depuis sa maladie, il se concentre mieux s'il
*   prend une courte pause à toutes les 15 ou 20*
*   minutes.*

(se poursuit à la page suivante)

L'enseignante : *J'ai remarqué qu'il a plus d'énergie après les récréations.*

Au lieu de renoncer à secourir l'enfant, vous pouvez...
5. Dresser un plan ensemble.

L'enseignante : *Je vais demander à un camarade de Samuel de l'aider à rattraper son retard. Et je vais m'assurer qu'il prenne des pauses plus fréquentes.*
Le parent : *Et je vais m'assurer qu'il regarde moins la télé, qu'il prenne l'air et fasse de l'exercice.*

Au lieu de conclure sur une note négative, vous pouvez...
6. Terminer la rencontre sur une phrase positive qu'on peut répéter à l'enfant.

L'enseignante : *Dites à Samuel que j'ai confiance en sa capacité de se rattraper. Dites-lui aussi que je suis contente de l'avoir comme élève.*
Le parent : *Je n'y manquerai pas. Il sera très heureux de l'apprendre.*

Au lieu de mettre le plan de côté après la rencontre, vous pouvez...
7. Donner suite au plan.

L'enseignante : *Avec l'aide de Jeffrey, Samuel se rattrape. Il a presque terminé. Il semble avoir plus d'énergie dernièrement.*
La mère : *Mon mari a commencé à faire de la course à pied et Samuel l'accompagne.*

Questions et récits provenant de parents et d'enseignants

QUESTIONS DE PARENTS

1. Est-ce une bonne idée que l'enfant assiste à la rencontre ? J'ai parfois l'impression que mon fils en tirerait profit.
Au début de la rencontre, vous avez besoin, autant l'enseignant que vous-même, d'être libres de vous parler ouvertement, sans avoir à vous soucier des effets de vos paroles sur votre fils. En attendant, il peut rester à l'extérieur de la pièce, lire à la bibliothèque ou aller au terrain de jeux.

Toutefois, il peut être utile, au moment opportun, de l'inviter à participer à la rencontre. Soyez conscients qu'il se trouve en état de vulnérabilité. Alors qu'il n'est encore qu'un gamin, il doit faire face à deux des adultes les plus puissants, les plus importants de sa vie – en même temps ! Vous trouverez probablement utile de commencer par lui transmettre l'information la plus positive que vous ayez échangée jusque-là. Par exemple :

La mère :	Je disais à madame Poisson que toute la famille a beaucoup appris au sujet de la forêt tropicale depuis que tu prépares un exposé là-dessus.
L'enseignante :	Et je disais à ta mère comme tous les élèves ont aimé les images que tu as apportées, spécialement celle de la grenouille arboricole aux yeux rouges.

La rencontre pourrait se terminer là. Mais supposons qu'il y ait une chose à améliorer, par exemple que votre fils ait tendance à tout remettre au lendemain, ou qu'il éprouve de la difficulté à organiser son travail. Vous ou l'enseignante pourriez aborder le problème.

> *L'enseignante:* Il reste encore beaucoup de travail à faire avant de présenter ton exposé à la classe. Parlons de la façon de procéder.

À partir de là, vous pouvez discuter ensemble de la façon d'organiser et d'échelonner les différentes étapes permettant de mener à bien un travail de longue haleine. Par exemple, l'enseignante pourrait dire: «Crois-tu que ça t'aiderait si j'ajoutais quelques dates butoirs plus rapprochées ? Par exemple, le moment de remettre tes fiches annotées, ton plan, la première ébauche de ton rapport ?»

Vous pourriez ajouter: «Est-ce que ça te serait utile si je te déposais à la bibliothèque quelques fois cette semaine pour que tu puisses commencer ta recherche ?»

Idéalement, votre fils pourrait proposer: «Je pourrais peut-être écrire toutes les choses que j'ai à faire, choisir une date pour chacune et faire un crochet chaque fois que j'en ai terminé une. »

Vous saurez que la rencontre à trois est réussie si l'enfant en sort plein d'espoir et de motivation.

2. Ma fille Mia est plutôt timide. L'an dernier, son enseignante encourageait les amitiés dans sa classe. Cette année, elle a une nouvelle enseignante et la plupart de ses camarades sont nouveaux. Elle ne s'en plaint pas, mais je sais qu'elle se sent seule et malheureuse. Quelle est la meilleure façon d'aborder son enseignante pour obtenir son aide ?

Préparez-vous. Réfléchissez d'avance à ce que pourrait faire l'enseignante pour aider votre fille à entrer en contact avec les autres enfants. Y a-t-il une activité de classe à laquelle Mia pourrait participer : une pièce de théâtre ou une exposition ? Y a-t-il des responsabilités qu'elle pourrait partager avec un autre enfant : chef de classe ou coéditrice du journal de la classe ? Assurez-vous aussi de demander si vous-même, vous pouvez apporter votre contribution à la pièce de théâtre, au journal ou à l'exposition. N'exigez pas de réaction immédiate. L'enseignante aura besoin de temps pour réfléchir à vos idées et peut-être vous en présenter de son cru.

3. Lors de ma dernière rencontre avec elle, l'enseignante m'a dit que mon fils Thierry était paresseux et peu coopératif. J'étais vraiment contrariée, mais je ne savais pas comment répondre. Si jamais la chose se reproduit, que puis-je faire ?

C'est important de s'armer d'un crayon et d'un bout de papier quand vous vous rendez à une rencontre. Si l'enseignante dit une chose négative à propos de votre enfant, vous pouvez lui demander quel comportement particulier a motivé ce jugement : « Paresseux ? Que vous voulez dire par là ? »

Supposons que l'enseignante réponde : « C'est le seul élève, dans la classe d'art, qui part en laissant des pinceaux sales et des contenants de peinture ouverts. » Tout en écrivant, dites à haute voix : « Thierry doit nettoyer ses pinceaux et refermer le couvercle des pots de peinture avant de quitter la classe d'art. »

Supposons que l'enseignante persiste et dise : « Et il ne coopère pas non plus ». Demandez de nouveau : « J'aimerais savoir lequel de ses comportements vous fait dire cela. »

Si l'enseignante répond : « Il n'arrête pas de parler pendant la période de lecture silencieuse », vous dites tout en écrivant : « Thierry doit contrôler son envie de parler pendant la lecture silencieuse. »

En transposant les commentaires négatifs de l'enseignante en énoncés de ce qui doit être fait, vous contribuez à proposer une direction plus positive, tant à l'enseignante qu'à vous-même et à votre fils.

4. Après être passée par une classe d'éducation spéciale, ma fille Lisa a été intégrée cette année dans une classe ordinaire. Son enseignant croit que c'est une bonne chose d'exiger beaucoup de ses élèves et il a toujours eu beaucoup de succès avec eux. Il est convaincu que c'est à cause du niveau élevé de ses attentes. Lisa travaille fort, mais elle obtient tout juste la moyenne. Son enseignant s'en montre irrité et Lisa commence à se décourager. Que puis-je faire ?

Nos attentes doivent être grandes mais réalistes. Nous rendons un très mauvais service aux enfants en soutenant qu'ils sont capables de faire ce dont ils sont incapables et en les poussant à s'appliquer davantage. Un enfant qui n'a pas maîtrisé l'addition ou la soustraction sera incapable de multiplier ou de diviser, peu importe la force des attentes de l'enseignant. Si Lisa est dépassée par les exigences de son enseignant, il vous incombe d'aider celui-ci à bien saisir le niveau actuel d'aptitudes scolaires de votre fille et de l'encourager à subdiviser ses grands objectifs en tâches plus simples et faisables, afin que l'élève fasse l'expérience du succès une étape à la fois.

5. L'autre jour, mon fils avait l'air très agité quand il est rentré de l'école. Il a dit que son enseignante le détestait. Je ne savais pas comment réagir. Que proposez-vous ?

Après avoir accueilli sa détresse, écoutez ce qu'il a à vous dire. Parfois, on peut mettre le doigt sur le problème et le rendre plus facile à résoudre : « Oh ! Ainsi, ça t'a gêné quand elle t'a crié après devant tout le monde parce que tu avais pris l'agrafeuse dans son tiroir. Tu aurais préféré qu'elle te fasse venir près d'elle et qu'elle te parle doucement… Et je gage que tu souhaiterais avoir songé à demander d'abord la permission. »

Si votre fils ne peut vous fournir une description précise de ce qui se passe à l'école et s'il continue à se plaindre que son enseignante le déteste, vous devez alors parler à l'enseignante.

Elle sera probablement en mesure de vous dire ce qui se passe réellement et vous pourrez ensemble résoudre le problème. Au cours de la discussion, si vous sentez néanmoins, par ce qu'elle dit mais aussi par son attitude générale, qu'elle n'aime vraiment pas votre fils, faites confiance à votre réaction instinctive. Entreprenez les démarches nécessaires pour que votre fils change de classe. Les enseignants sont des êtres humains. Certains enseignants – pour une raison ou pour une autre, qu'elle soit rationnelle ou non – n'aiment tout simplement pas certains enfants. Ce n'est la faute de personne. Mais aucun enfant ne devrait être forcé de rester dans la classe d'un enseignant qui ne l'aime pas.

Le récit d'une mère

Ce récit nous provient de la mère d'une enfant douée, qui a trouvé le moyen de collaborer avec une enseignante rigide.

Dès le début de l'année scolaire, Renée – qui avait alors dix ans – a semblé perdre tout intérêt pour l'école. À l'entendre, j'avais l'impression qu'elle s'ennuyait, tout simplement. D'après elle (qui a un niveau de lecture d'un élève de quatorze ans), son enseignante, madame Potvin, insiste pour qu'elle lise le même livre que les autres enfants et qu'elle ne doive jamais, en aucun cas, prendre de l'avance sur les autres. Je lui ai rappelé qu'on était juste au début du trimestre et je l'ai exhortée à la patience. Mais, j'ai vraiment commencé à me faire du souci quand elle s'est mise à se plaindre de maux de tête et à chercher des excuses pour éviter d'aller à l'école.

J'ai pris contact avec son enseignante afin d'obtenir un rendez-vous. La rencontre ne s'est pas bien déroulée. J'ai dit à madame Potvin que selon moi, Renée avait besoin de plus grands défis. Mme Potvin m'a répondu que Renée avait plutôt besoin d'une plus grande maîtrise de soi. D'après elle,

Renée était agitée et distrayait constamment les autres qui essayaient de faire leur travail. J'ai dit : « Si elle est agitée, c'est peut-être parce qu'elle termine vite son travail et qu'il lui reste du temps. Il y a peut-être lieu de lui faire lire des ouvrages plus difficiles. »

Madame Potvin avait l'air ennuyée. Elle m'a fait savoir qu'il n'y avait aucune raison pour que Renée lise autre chose que les autres enfants. Elle m'a aussi informée qu'elle enseignait depuis vingt-trois ans et que le programme adopté par le district scolaire était vraiment efficace pour l'enseignement des matières de base. J'ai presque rétorqué : « C'est justement là le problème. Renée possède la base. Quel mal y aurait-il à lui offrir une forme d'enrichissement ? » Mais je ne l'ai pas dit. Je me suis mordu la langue, je l'ai poliment remerciée, puis je suis rentrée chez moi, dégoûtée.

Quand j'ai parlé de cette rencontre à mon mari, il a dit : « Mme Potvin croit probablement que tu es l'un de ces parents arrogants. Tu devrais peut-être demander au directeur de changer Renée de classe. »

J'ai sérieusement réfléchi à sa suggestion, mais plus j'y songeais, plus je me disais que ce serait une erreur d'éloigner Renée de ses amies. Le lendemain, au réveil, je savais qu'il me faudrait trouver une façon d'aider ma fille tout en évitant de blesser son enseignante. J'ai téléphoné à ma belle-sœur, enseignante au primaire, pour lui confier ce qui se passait. Elle a marmonné quelque chose à propos des enseignants qui ne sont pas sortis du Moyen Âge, puis elle m'a parlé du programme qu'elle faisait suivre à ses lecteurs avancés. Elle a recommandé quelques titres de livres à l'intention de Renée. Elle a aussi fait mention d'un livre destiné aux enseignants où l'on présente des moyens faciles d'évaluer le niveau de lecture d'un élève qui travaille de façon autonome. Le livre en question s'intitule *Responding to Literature*[1]. J'ai tout pris en note et j'ai aussitôt acheté le livre.

La semaine suivante, j'ai téléphoné à Mme Potvin pour lui demander un nouveau rendez-vous. Elle m'a semblé distante et réservée et elle m'a rappelé que nous avions déjà tenu notre rencontre. Elle ne voyait pas l'utilité d'en avoir une autre. Je lui ai répondu que c'était important pour moi de la revoir. Elle a finalement accepté.

Quand le moment est arrivé, j'étais très nerveuse. Je ne voulais rien faire pour me la mettre à dos. J'ai commencé par lui dire que j'avais été bouleversée d'apprendre que Renée se comportait mal en classe et que j'étais inquiète de ses récents changements d'attitude envers l'école. Puis j'ai ajouté que j'essayais de rassembler quelques idées pour tenter d'améliorer la situation et je lui ai demandé si elle aimerait en voir quelques-unes que j'avais mises par écrit.

Madame Potvin n'a pas pris le papier que je lui tendais. Elle est restée assise, la main devant la bouche. J'ai donc choisi quelques éléments de ma liste et j'en ai fait la lecture : par exemple, demander à Renée d'écrire une fin différente pour le livre que chacun lisait ; lui faire lire d'autres livres du même auteur et faire part à ses camarades de ce qu'elle a appris. J'ai aussi montré mon exemplaire du livre recommandé par ma belle-sœur, sans mentionner la source de mon information.

Finalement, j'ai dit : « Madame Potvin, je suis à court d'idées. Je ne sais plus quoi faire pour aider Renée. C'est pourquoi j'ai proposé cette autre rencontre. Je voulais savoir ce que vous pensiez de toutes ces suggestions. Je me suis dit qu'avec toutes vos années d'expérience, vous auriez probablement bien d'autres idées. » Avant que Mme Potvin puisse dire un mot, j'ai ajouté : « Et je vais parler à Renée à propos du temps qu'elle perd en classe et qu'elle fait perdre

1. Sandra M. Simons, *Responding to Literature: Writing and Thinking Activities* (Eugene, Ore.: Spring Street Press, 1990).

aux autres. Peu importe son degré d'agitation, vous ne devriez pas avoir à le supporter. »

Madame Potvin me regardait toujours dans un silence glacial. Puis elle s'est levée en disant : « J'ai entendu ce que vous aviez à dire et je vais réfléchir à vos idées. » Elle a ensuite demandé si elle pouvait emprunter le livre (j'avais peine à le croire !) et elle m'a remerciée d'être venue. Nous avons échangé une poignée de main. La rencontre était terminée. Il y a de cela un mois. Je n'ai aucune idée de ce que fait Mme Potvin en classe. Mais je sais que Renée semble se plaire de nouveau à l'école. Et ses maux de têtes matinaux ont disparu.

QUESTIONS D'ENSEIGNANTS

1. Certains parents semblent avoir la phobie de l'école. Ils détestent rencontrer les enseignants parce qu'il leur revient à l'esprit de mauvais souvenirs de leurs propres années d'école. Y a-t-il une façon d'aider ces parents à ce sentir plus à l'aise ?

Le meilleur antidote à leurs inquiétudes, c'est probablement une attitude accueillante et chaleureuse. Certains enseignants trouvent qu'une table recouverte d'une nappe, un pot de thé ou de café ainsi qu'une chaise pour adultes peuvent contribuer à créer une atmosphère amicale. Les parents avouent qu'ils apprécient particulièrement que la porte soit close. Ils y voient un signe que vous respectez le caractère intime des moments que vous passez avec eux.

2. Si les parents sont divorcés, qui devrais-je inviter à la rencontre ?

Invitez les deux parents afin qu'aucun des deux ne sente qu'on l'exclut ou qu'on ne tient pas compte de lui. C'est aux parents de décider s'ils préfèrent rencontrer l'enseignant ensemble ou séparément. Dans un cas comme dans l'autre, il est important de faire porter la discussion non pas sur leur relation, mais sur la façon dont ils peuvent accomplir ce qu'il y a de mieux à faire, ensemble ou séparément, pour cet enfant qui reste le leur.

3. Que puis-je faire si un père ou une mère arrive dans des dispositions hostiles ou agressives ?

Résistez à la tentation naturelle de faire entendre raison à une personne qui est en colère. Au lieu de dire : «S'il vous plaît, veuillez vous calmer, M. Lavigne. Nous n'irons nulle part si vous continuez à crier», accueillez les sentiments de monsieur Lavigne. Faites-lui savoir que vous saisissez l'intensité de ses émotions : «Je vois que vous êtes très en colère. S'il vous plaît, entrez vous asseoir. Je veux savoir ce qui vous tracasse.» Une telle façon d'aborder le sujet a plus de chances de désamorcer les émotions intenses de monsieur. Lavigne et de lui permettre de vous dire ce qui le contrarie.

Vous pourriez peut-être écrire chacune de ses plaintes, puis les relire à voix haute afin qu'il sache que vous le comprenez. Si, en dépit de vos plus beaux efforts, il est toujours en colère, vous pouvez remettre la rencontre à un autre moment : «M. Lavigne, je vois que vous êtes encore très contrarié. Il me faut du temps pour penser à ce que vous m'avez dit. Il est même possible que je décide de consulter des membres du personnel. Quand pourrions-nous nous rencontrer de nouveau ?» Lors de la rencontre suivante, vous voudrez peut-être inviter une tierce personne, soit le directeur, le conseiller d'orientation ou le psychologue scolaire.

4. Certains parents se plaignent de ne recevoir des nouvelles des enseignants que s'il y a des problèmes. Je dois admettre qu'il y a du vrai là-dedans. Y a-t-il moyen de faire autrement ?

Les parents sont reconnaissants qu'on leur donne parfois de «bonnes nouvelles». Un enseignant nous a confié que dès le début de l'année, alors que les enfants se comportent encore de leur mieux et qu'ils en sont encore à leurs toutes premières tâches scolaires, il se fait un devoir d'appeler deux parents chaque soir. Il fait ressortir les forces et les efforts de chaque élève. Plus tard au cours de l'année, s'il survient un problème, les voies de communication ont déjà été établies et les parents sont beaucoup plus disposés à entendre parler des problèmes qui ont pu surgir.

5. Y a-t-il une façon élégante de mettre fin à une rencontre quand un père ou une mère parle sans arrêt pendant que d'autres parents attendent leur tour à l'extérieur ?

Il est important que cette personne ne sente pas qu'on la renvoie parce que la minuterie s'est arrêtée. Vous devez regarder l'heure afin de pouvoir donner un préavis : « Je vois qu'il nous reste cinq minutes. Avez-vous autre chose à me dire ? » Au bout de cinq minutes, s'il reste des choses à explorer, vous pourriez ajouter : « Je souhaiterais avoir plus de temps avec vous. On se parle par téléphone ou on se fait un autre rendez-vous ? » Ayez votre agenda sous la main et soyez prêt à fixer une autre rencontre.

LE RÉCIT D'UNE ENSEIGNANTE

Le prochain récit a été relaté par l'enseignante ressource d'une école primaire.

Quand on m'a confié Christophe Bertrand, il avait sept ans. J'ai tout de suite constaté qu'il s'agissait d'un garçon brillant, qui s'exprimait facilement. Mais quand je l'ai évalué, j'ai clairement vu chez lui les signes classiques de la dyslexie. Il n'arrivait même pas à écrire son propre nom sans oublier des lettres ou sans les inverser. Ce que je ne comprenais pas, c'était la cause de ses problèmes de comportement – agressivité, sautes d'humeur, irritabilité.

Après quelques semaines, j'ai décidé de téléphoner à sa mère pour voir si elle pouvait m'aider. Elle s'est empressée de venir aussitôt, l'après-midi même. Dès son arrivée, Mme Bertrand m'a raconté que chaque soir, Christophe s'asseyait à son pupitre et qu'il pleurait en essayant de faire ses devoirs tout en répétant qu'il était stupide.

J'ai soudain compris ce qui se passait. Il était en colère parce qu'il était convaincu d'être stupide, et il reportait sa colère sur lui-même et sur tous les autres. J'ai expliqué à Mme Bertrand que Christophe était loin d'être stupide et qu'il s'agissait en fait d'un garçon très brillant qui exprimait sa curiosité à propos de nombre de choses, mais qu'à cause de sa dyslexie, il avait à surmonter des problèmes que la plupart des enfants n'ont pas. J'ai aussi ajouté que Christophe était appliqué en classe et qu'avec le temps, je le croyais capable d'apprendre à lire.

Madame Bertrand a semblé réconfortée par mon évaluation et elle m'a demandé ce qu'elle pouvait faire pour apporter son aide. J'ai répondu que Christophe avait surtout besoin qu'elle comprenne sa frustration et qu'elle lui manifeste sa confiance que, lentement mais sûrement, il ferait certainement des progrès. J'ai ajouté que Christophe avait un esprit curieux et qu'il tirerait probablement profit d'une visite à la bibliothèque où il pourrait se procurer des livres d'images sur des thèmes qui l'intéressaient.

Au cours de l'année, Christophe a très bien travaillé. Je lui ai appris à reconnaître les phonèmes, un à la fois; je lui ai montré comment prononcer les mots et donné tous les trucs qu'il pouvait utiliser pour différencier une lettre d'une autre. Et peu à peu, il a appris à écrire et à respecter les règles de l'orthographe.

Pendant tout ce temps, j'appelais régulièrement sa mère pour faire le point avec elle. Je lui faisais part des résultats visibles du travail qu'elle faisait à la maison avec Christophe. Elle a fait tout ce que je lui recommandais et même davantage. Elle a stimulé son intérêt pour les poissons, les insectes et les pierres. (Il collectionnait sans cesse des cailloux et demandait de quoi il s'agissait.) Elle l'a conduit dans des musées, a lu des livres avec lui et a discuté de tous les sujets qui le fascinaient.

Ce que j'ai fait de plus utile pour Christophe, c'est d'avoir ouvertement parlé du fait qu'il avait un handicap. La chose la plus difficile pour lui, c'était de voir des élèves qui, sans avoir le même niveau d'intelligence que lui, obtenaient des notes parfaites en lecture, en écriture et en orthographe, alors qu'il recevait de mauvaises notes. Je voulais qu'il sache qu'il était une personne très intelligente qui luttait contre un problème d'apprentissage appelé dyslexie. Je lui disais donc : « Christophe, l'orthographe présente pour toi un grand défi, car quand les autres enfants regardent un b, ils voient un b ; mais lorsque tu vois un b, tes yeux te jouent parfois un tour et ça ressemble à un d. Ça rend les choses beaucoup plus difficiles. Ça s'appelle la dyslexie. Mais tu as travaillé si fort que tu as appris malgré tout. »

Christophe adorait parler de son « problème d'apprentissage ». Il disait aux autres enfants : « Vous voyez, moi j'ai la dyslexie. Quand je regarde le mot un, je vois le mot nu. » Il écrivait par exprès un mot à l'envers et se mettait à rire ; puis il le tenait devant un miroir pour montrer comment le mot se retournait à l'endroit et il se vantait d'avoir une écriture en miroir. Il dominait son handicap en le considérant comme un trait particulier et amusant.

Lors de notre dernière rencontre de l'année, sa mère m'a dit qu'il était devenu un tout autre enfant à la maison. Beaucoup plus heureux, plus détendu. Elle a raconté qu'à une rencontre de famille, Christophe avait joué à l'école avec son cousin plus jeune, qui était lui aussi dyslexique. Christophe lui avait dit : « Ne t'en fais pas. J'avais le même problème. Je peux t'aider. Laisse-moi te montrer ce truc. »

Christophe est maintenant dans une classe plus avancée. Ses enseignants me disent qu'il lit encore lentement, mais qu'il veut toujours participer, qu'il a toujours quelque chose d'intéressant à dire et qu'il obtient de bonnes notes aux examens quand on lui accorde un peu de temps supplémentaire.

Quand je pense à Christophe, je me sens bien. À nous deux, sa mère et moi, nous l'avons aidé à voir sa dyslexie comme un défi qu'il était capable de surmonter, plutôt que d'en faire un handicap limitatif qui pourrait lui causer des échecs.

UNE HISTOIRE DE PARENTS ET D'ENSEIGNANTS

Le récit précédent illustrait les effets que le travail d'équipe d'une mère et d'une enseignante avait eus sur un enfant. Le prochain récit raconte ce qui s'est passé quand une école a fait un effort concerté en vue de nouer des relations avec tous les parents d'une localité et de les amener à intervenir dans l'éducation de leurs enfants.

J'ai reçu ma première affectation comme enseignante dans un village de 710 personnes. Mis à part le magasin et le poste d'essence à deux pompes, l'école était le seul endroit où se tenaient des activités collectives. Je croyais donc que les parents venaient en foule aux rendez-vous avec les enseignants et aux réunions destinées aux parents. Tel n'était toutefois pas le cas. Le soir de notre première réunion d'accueil, la salle était pratiquement vide. En tout, 15 parents s'étaient présentés. Étant donné que l'école comptait 139 élèves, j'ai trouvé que le faible taux de participation des parents était désastreux.

Le lendemain, j'ai exprimé ma déception à l'une de mes collègues. Elle m'a répondu que je m'y ferais avec le temps. Cette attitude m'a semblé plutôt défaitiste. À la fin de notre première réunion du personnel, j'ai demandé si quelqu'un était intéressé à tenter d'amener un plus grand nombre de parents à participer aux activités scolaires. Quelques personnes ont gloussé en secouant la tête. Quelqu'un a dit que je perdrais mon temps et le directeur m'a gratifié d'un sourire paternaliste. Après la réunion, je me sentais idiote. Mais un peu plus tard, deux enseignantes, Margaret et Pat, sont venues m'offrir leurs services. Je pense qu'elles me prenaient en pitié.

Le lendemain, nous nous sommes réunies après la classe pour voir si nous pouvions trouver une stratégie. Pat m'a raconté ce qu'on avait tenté auparavant sans succès. Les dépliants ne s'étaient jamais rendus dans les foyers. « L'arbre téléphonique » (chaque enseignant contacte dix familles) n'avait pas eu plus de succès car beaucoup de parents n'avaient pas le téléphone. Même le barbecue chez Margaret avait été un fiasco. Elle a raconté qu'elle avait invité 24 enfants ainsi que leurs parents, mais que seulement six personnes s'étaient présentées. Je devais admettre que tout cela était plutôt décourageant.

Nous avons toutefois décidé de persister dans nos efforts et d'organiser des activités mensuelles pour tenter de faire participer les parents à la vie de l'école, d'une façon ou d'une autre. Notre première activité était une petite fête sucrée. (Des gâteaux et des biscuits préparés par les élèves d'économie domestique à partir d'ingrédients fournis par nous trois.) Nous avons envoyé par la poste des invitations aux parents, placé des affiches au magasin, au poste d'essence et au poste de pompiers volontaires, en plus d'encourager les enseignants à y participer. Peu de personnes sont venues, mais nous avons finalement recruté l'aide de deux autres enseignants et de huit parents. Le directeur nous a même félicitées de nos efforts.

Le mois suivant, nous avons parrainé une bouffe spaghetti juste avant la partie de foot du vendredi soir : les résultats ont été formidables ! Dans la salle d'économie domestique cinq enseignants et huit parents ont préparé des spaghettis pour une centaine de personnes. C'est vrai que la plupart des convives étaient les joueurs des deux équipes et leur famille, mais tout le monde s'est bien amusé. Avant la fin de la soirée, j'ai pris le micro pour annoncer que nous aurions une rencontre le lundi soir suivant afin de planifier notre prochaine activité et que nous aurions besoin de toute l'aide disponible. Cinq autres parents et trois enseignants ont ajouté leur nom. Le mur séparant enseignants et parents commençait à craqueler et à s'effriter.

Lors de la rencontre du lundi, l'un des parents a suggéré qu'on rédige un bulletin mensuel pour informer régulièrement la collectivité des activités de l'école. L'idée a tellement plu au directeur qu'il a offert de payer les frais d'envoi. La secrétaire de l'école s'est portée volontaire pour taper le bulletin et en faire des copies. Les parents et les enseignants ont proposé de se retrouver à la bibliothèque de l'école pour plier les bulletins, les agrafer et écrire les adresses sur les enveloppes.

Ces bulletins de nouvelles ont fait tourner la chance de notre coté. Ils sont devenus le lien de communication entre nous et la collectivité. Les enseignants s'en sont servis pour exprimer leurs préoccupations et les parents ont fait de même. Par exemple, nous avons découvert que certains parents étaient très inquiets du fait que, pour se divertir, leurs adolescents devaient parcourir 50 kilomètres en voiture pour se rendre dans une ville voisine plus populeuse, s'exposant ainsi aux accidents causés par l'alcool au volant. Quelques enseignants se sont portés volontaires pour assurer la surveillance de soirées dansantes et autres activités du genre afin d'encourager les jeunes à se divertir dans le village.

Une fois que les parents se sont aperçus que l'école désirait leur contribution et leur aide, ils ont proposé des idées qui dépassaient de loin nos plus folles espérances. Ils ont organisé et financé un service de repas chauds. (Notre école n'avait pas de fonds pour établir son propre service.) Ils ont parrainé une nuit de carnaval et transformé le gymnase en parc d'attractions, avec des stands de jeux. Ils se sont portés volontaires pour fournir de l'aide dans la salle de classe où ils sont devenus une ressource inestimable. Les mères ont travaillé auprès des enfants dans les classes du primaire ; un père a donné un mini-cours de dessin à l'échelle aux élèves les plus âgés ; un autre père, chef cuisinier, a fait une démonstration dans la classe d'économie domestique. Un groupe de parents, d'enseignants et d'élèves ont formé un comité de « Remise des diplômes » et ils ont travaillé toute l'année à des collectes de fonds afin d'amasser assez d'argent pour offrir aux classes terminales et à leurs accompagnateurs un voyage à Disneyland en autocar. Les futurs diplômés ont eu beaucoup de plaisir et leurs parents ont été soulagés parce que leurs jeunes de 18 ans n'avaient pas célébré la remise des diplômes par une beuverie suivie de conduite en état d'ébriété.

L'appui et l'engagement des parents ont stimulé les enseignants à en faire davantage. Quand Margaret a découvert que certains parents ne savaient pas lire, elle a mis sur pied un cours de lecture pour eux. Le cours a eu un tel succès que cette unique soirée s'est transformée en programme complet d'éducation aux adultes, où les parents pouvaient non seulement apprendre l'écriture, mais aussi la cuisine, la couture et l'informatique. Un des enseignants a donné des cours du soir aux parents qui voulaient obtenir leur diplôme d'études secondaires, et la demande a été très grande. Tous ceux qui ont suivi ce programme ont raconté que leurs enfants étaient tellement enthousiastes de voir maman ou papa étudier et faire ses devoirs qu'ils ont amélioré leurs propres résultats scolaires.

Le directeur nous a offert le soutien le plus enthousiaste. Il a eu l'idée de mettre sur pied un programme de visites au foyer pour les parents que nous n'avions pas encore réussi à joindre. Nous avons annoncé dans notre bulletin que les enseignants se rendraient au foyer de leurs élèves pour y faire de courtes visites. Chacun des enseignants a reçu le nom de huit à dix élèves et la tâche de rendre visite à leurs parents au moins une fois au cours du semestre. Pat a eu la brillante idée d'utiliser pour le transport notre propre service de ramassage scolaire. Ainsi, chaque jeudi, après l'école, les enseignants qui désiraient rendre visite à une famille pouvaient accompagner les élèves en autobus pour se rendre chez eux. Au bout du trajet, les conducteurs d'autobus attendaient une trentaine de minutes avant de rebrousser chemin pour reprendre les enseignants. Le programme a eu un énorme succès. Ces visites d'enseignants ont semblé revêtir une grande importance pour les parents comme pour les élèves.

Le soir de la dernière réunion de parents et d'enseignants de l'année, je suis arrivée tôt parce que je voulais photocopier un message à distribuer aux parents. Comme je terminais mes copies, j'ai entendu la voix retentissante du directeur et j'ai réalisé que la rencontre avait débuté. J'ai songé à me glisser en silence dans un siège vide, mais quand j'ai ouvert la porte de la salle, j'ai retenu mon souffle : pas un seul siège libre ! La salle était bondée de parents. Ils étaient venus en force, pour prendre part à ce qui se passait dans cette école qui était devenue la leur.

8

Le capteur de rêve

C'ÉTAIT LE DERNIER JOUR DE CLASSE. Les gros bus jaunes dont les côtés étaient ornés du blason du District 71 se sont rangés le long du trottoir. Dès la fin des cours, un flot d'élèves est sorti des portes ouvertes de l'école pour se déverser dans les bus déjà remplis d'enfants bruyants. Dans les voitures garées le long des rues, les parents impatients guettaient leurs rejetons et klaxonnaient dès qu'ils les apercevaient.

Ma classe est partie en dernier. Il faisait un soleil éclatant et le dallage était chaud. La chaleur de juin m'arrivait au visage par vagues. L'idée de dire au revoir me faisait horreur. Ces enfants dont je m'occupais le jour et à qui je pensais le soir m'étaient devenus très chers. Mais chaque étreinte d'adieu me faisait prendre conscience que mon expérience avec eux venait de prendre fin. Nos rapports ne seraient jamais plus les mêmes.

J'ai continué à leur faire signe de la main jusqu'à ce que le dernier enfant ait retrouvé ses parents. Puis, je me suis retournée pour pénétrer à nouveau dans l'école presque déserte. Une fois dans ma classe, je me suis assise à mon bureau et j'ai regardé la pièce, vide et silencieuse. Personne dans les sièges ; rien au tableau d'affichage ; même pas un bout de papier par terre. Toute une année de projets, de réflexion, de souci et d'enseignement venait de se terminer. En restait-il quelque chose – à part quelques souvenirs ?

On a cogné doucement à la porte. C'était Rémi Savard.

«Bonjour, Rémi. Tu as oublié quelque chose ?»

Il a secoué la tête et il est resté là, debout, une expression étrange sur le visage. Que voulait-il ? Un dernier adieu un peu plus intime ? Sa mère m'avait téléphoné plus tôt cette semaine-là et elle avait donné libre cours à toutes ses inquiétudes. Elle avait perdu son emploi à l'usine; avec Rémi, elle allait devoir déménager à Chicago et habiter chez sa sœur; elle ne savait pas si elle réussirait à se trouver du travail là-bas; sa sœur vivait dans un quartier mal famé où sévissaient des gangs dans les rues; Rémi était vigoureusement opposé au déménagement; il ne voulait pas tout recommencer une fois de plus dans une nouvelle école.

«Entre, Rémi.

- J'ai raté le bus.

- Oh! Tu veux que je te ramène?

- Ben non. Je rentrerai à pied. Je peux vous dire quelque chose?

- Bien sûr. Entre et viens t'asseoir.»

Comme il se glissait dans un siège en face de moi, j'ai retenu mon souffle. Sous sa chemise, il portait le capteur de rêves que je lui avais donné la veille. Le cercle de cuir contenant une sorte de toile d'araignée faite de ficelle avait été mon cadeau d'adieu. Je lui avais expliqué que, selon une légende amérindienne, si l'on suspend le capteur au-dessus du lit d'une personne endormie, il attrape tous les mauvais rêves et les mauvais esprits, et ne laisse entrer que les bons. J'avais dit à Rémi que je voulais le lui donner pour qu'il sache que nous penserions à lui partout où il se trouverait. Il l'avait solennellement accepté de ma part.

À ce moment, je savais qu'il comprenait pourquoi je le lui donnais, même si je n'en savais rien moi-même jusque-là. Le capteur de rêve était ma façon de lui dire au revoir tout en le munissant d'une certaine forme de protection. Rémi avait tellement grandi au cours de l'année — et pas seulement sur le plan de la taille et du poids. Il ne proférait plus d'injures ni d'insultes raciales; il avait fait des efforts colossaux pour ne plus jurer; il avait cessé de brutaliser les autres et de se vanter. Il ressemblait peu au jeune dur à cuire en colère qui était entré dans ma classe en fanfaronnant au début de l'année, vêtu d'un blouson orné d'une tête de mort et se donnant l'air de celui qui cherche la bagarre. Maintenant, il était l'élève le plus en demande auprès des enseignantes qui cherchaient un tuteur pour leurs élèves les plus «problématiques» parce que Rémi savait s'en occuper.

Qu'allait-il lui arriver ? Qu'adviendrait-il de tous ses progrès chèrement acquis ? Comment réagirait-il en milieu hostile ? Reviendrait-il à ses anciens comportements ? Pourquoi pas ? N'est-ce pas ce que tout enfant serait porté à faire ?

«Qu'avais-tu à me dire, Rémi ?

- Mon cousin, il habite dans l'immeuble où je déménage, et il dit que quand t'habites là, t'es obligé de faire partie d'un gang.

- Il le faut ?

- Oui, pour te protéger.

- Contre quoi ?

- Contre les jeunes qui veulent te tabasser.

- Je vois. Tu te sentirais contraint de faire partie d'un gang.

- Oui, mais peut-être que je peux trouver d'autres amis.

- Tu t'en es sûrement trouvé beaucoup dans la classe.

- Oui, oui.

- Je suppose que tu auras une décision difficile à prendre.

- Je sais. Mais je vais pas faire partie d'une bande. Je veux plus faire ce genre de trucs. Je voulais vous le dire.»

Puis, il m'a donné une poignée de main et il est parti.

J'étais profondément émue. Ce garçon de 11 ans avait été aux prises avec une décision qui aurait ébranlé un homme adulte et il avait choisi la route la plus droite et la plus difficile. Ardemment, je souhaitais en faire davantage pour l'aider. Un peu plus tard, comme je ramassais mes effets personnels avant de partir, il m'est venu à l'esprit que je l'avais peut-être déjà aidé. C'était une simple possibilité.

Les valeurs que j'avais essayé de promouvoir entre ces quatre murs avaient peut-être pénétré à l'intérieur de Rémi assez profondément pour qu'elles soient devenues siennes. Ces valeurs allaient peut-être le mettre à l'abri du danger et l'aider à survivre et à s'en tirer.

L'esprit que j'avais essayé de créer dans ma classe était peut-être le véritable capteur de rêves qui protégerait tous les enfants. Peut-être que, des centaines d'heures et des milliers de rapports que nous avions eus les uns avec les autres, il resterait quelque chose qui les préserverait du danger et les soutiendrait — une expérience fondamentale qui ferait d'eux des êtres plus forts, plus compatissants, plus en mesure de penser, d'apprendre et d'aimer.

En tout cas, j'aimerais croire que c'est vrai.

Comment poursuivre la démarche ?

- Vous désirez développer davantage les habiletés de communication présentées dans ce livre ?
- Vous souhaitez rencontrer d'autres parents et/ou professionnels et discuter avec eux de la façon d'appliquer ces habiletés ?
- Vous voulez obtenir des renseignements additionnels à propos des ateliers créés par Faber et Mazlish ?
- Vous aimeriez recevoir une formation en vue d'offrir vous-même ces ateliers à des parents ?
- Vous désirez vous procurer un des ouvrages de Faber et Mazlish ou du matériel d'atelier ?
- Vous vous posez d'autres questions à propos de la communication parents-enfants ?

Vous pouvez obtenir quelques réponses pertinentes en vous adressant à l'un ou l'autre des endroits suivants, selon la langue qui vous convient :

Dans les dernières pages de ce livre, on trouve une brève description des autres ouvrages de Faber et Mazlish qui sont actuellement disponibles en français chez Aux Éditions du Phare.

En langue anglaise :

info@fabermazlish.com
Téléphone : 1-800-944-8454
Faber Mazlish Workshops, LLC
P.O. Box 1072
Carmel, NY USA 10512

En langue française :

info@auxeditionsduphare.com
Téléphone : 1-506-577-6160
Aux Éditions du Phare
1234, allée des Hirondelles
Cap-Pelé (N.-B.) Canada E4N 1R7

Adele Faber et Elaine Mazlish

OUVRAGES DISPONIBLES EN FRANÇAIS

PARLER AUX ADOS POUR QU'ILS ÉCOUTENT, LES ÉCOUTER POUR QU'ILS PARLENT

Débordant de suggestions concrètes qui s'adressent à la fois aux parents et aux adolescents, ce tout dernier ouvrage présente des techniques innovatrices et éprouvées pour édifier des relations durables. Les parents y trouveront des outils efficaces pour aider leurs enfants à naviguer sans danger sur les eaux souvent turbulentes de l'adolescence.

PARLER POUR QUE LES ENFANTS ÉCOUTENT, ÉCOUTER POUR QUE LES ENFANTS PARLENT

Voici le best-seller qui vous fournira le savoir-faire nécessaire pour être efficaces avec vos enfants. Acclamée par les parents et les professionnels à travers le monde, l'approche réaliste et respectueuse des auteures réduit le stress et accroît la gratification liés aux contacts avec des enfants de tout âge.

PARENTS ÉPANOUIS, ENFANTS ÉPANOUIS

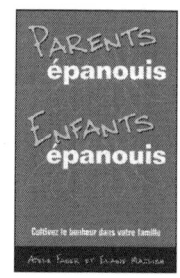

Empreint de sagesse, d'humour et de conseils pratiques, cet ouvrage indispensable fait la démonstration concrète d'un type de communication qui favorise le développement de l'estime de soi, de la confiance en soi et du sens des responsabilités. Une contribution majeure pour la stabilité de la famille d'aujourd'hui.

PARLER POUR QUE LES ENFANTS APPRENNENT, À LA MAISON ET À L'ÉCOLE

Cet ouvrage démontre de façon concrète comment des parents et des enseignants peuvent s'y prendre pour aborder les problèmes quotidiens qui nuisent à l'apprentissage et pour insuffler aux enfants le désir de prendre en main leur propre démarche éducative.

PARLER POUR QUE LES ENFANTS ÉCOUTENT (TROUSSE POUR L'ANIMATION DE L'ATELIER)

FRÈRES ET SŒURS SANS RIVALITÉ (TROUSSE POUR L'ANIMATION DE L'ATELIER)

Deux ateliers pour les parents et les adultes qui désirent s'entraîner en groupe à maîtriser les habiletés de communication présentées dans les livres de Faber et Mazlish. Trousses d'animation et cahiers de travail pour les participants.

L'atelier de groupe

« PARLER POUR QUE LES ENFANTS ÉCOUTENT »

Certaines personnes préfèrent être seules pour se mettre à l'apprentissage des habiletés présentées dans le livre « *Parler pour que les enfants écoutent, écouter pour que les enfants parlent* ». Toutefois, d'autres personnes préfèrent apprendre en groupe, afin de bénéficier de la richesse unique des interactions entre les participants.

Pour ces personnes, Faber et Mazlish ont créé un atelier permettant aux parents intéressés d'animer par eux-mêmes une série de rencontres de groupe, sans l'intervention d'un animateur chevronné.

C'est ainsi qu'est né l'atelier « *How To Talk So Kids Will Listen* » qui a été traduit en plusieurs langues et a déjà fait le tour de la planète.

Le matériel d'atelier traduit et adapté comprend une trousse d'animation qui présente de façon simple, étape par étape, toutes les directives nécessaires pour animer efficacement un groupe de parents intéressés à faire l'apprentissage de ces habiletés. Des cahiers de travail sont également disponibles pour permettre à chacun des participants de compléter les exercices de l'atelier.

www.auxeditionsduphare.com

L'atelier de groupe

« FRÈRES ET SŒURS SANS RIVALITÉ »

Les enfants d'une même famille éprouvent parfois des difficultés à s'entendre. Il leur arrive même de faire face à des conflits assez sérieux. Confrontés à ce genre de situation, les parents qui recherchent des solutions à la fois habiles et respectueuses ont désormais à leur disposition les outils appropriés.

S'adressant aux parents qui ont plus d'un enfant, Faber et Mazlish leur proposent un atelier sur mesure, leur permettant d'aborder efficacement les difficultés d'interaction qui surgissent entre leurs enfants. Le matériel de *« Siblings Without Rivalry »* leur permet de se regrouper avec d'autres parents afin de découvrir ensemble des stratégies et des habiletés applicables à leur situation.

Ce matériel, traduit et adapté en français, comprend une trousse d'animation ainsi que des cahiers de travail pour les participants. Aussi flexible que l'atelier *« Parler pour que les enfants écoutent »*, mais mettant spécifiquement l'accent sur les conflits au sein de la fratrie, l'atelier *« Frères et sœurs sans rivalité »* ouvre de nouveaux horizons aux parents désireux d'explorer la complexité de la relation entre frères et sœurs.

www.auxeditionsduphare.com

ADELE FABER ET ELAINE MAZLISH

Adele Faber et Elaine Mazlish ont acquis une renommée internationale pour leur expertise dans le domaine de la communication adultes-enfants. Des parents du monde entier leur sont reconnaissants et les communautés professionnelles appuient leurs principes avec enthousiasme.

Leur premier livre, *Liberated Parents / Liberated Children,* a reçu le prix Christopher pour souligner « une réussite littéraire affirmant les plus hautes valeurs de l'esprit humain ». Leurs livres subséquents, *How To Talk So Kids Will Listen & Listen So Kids Will Talk* ainsi que *Siblings Without Rivalry,* se sont vendus à plus de 4 millions d'exemplaires et ont été traduits dans plus d'une trentaine de langues. Le magazine *Child* a désigné le livre *How To Talk So Kids Can Learn: At Home and in School* comme étant le meilleur livre de l'année pour sa contribution dans le domaine de l'éducation. Des milliers de groupes, répartis à travers le monde, ont profité des ateliers qu'elles ont créés en vue d'améliorer la communication entre les adultes et les enfants. Leur plus récent livre, *How To Talk So Teens Will Listen & Listen So Teens Will Talk* aborde les problèmes difficiles liés à l'adolescence.

Les deux auteurs ont étudiés avec le regretté Dr Haim Ginott, psychologue pour enfants et ancien membre de la faculté de *New School for Social Research* et *Family Life Institute* de Long Island. En plus de leurs nombreuses conférences partout aux États-Unis, au Canada et ailleurs, elles ont été les invités de très populaires émissions de télévision telles que *Oprah* et *Good Morning America.*

Elles vivent toutes les deux à Long Island, aux États-Unis et chacune d'elles est mère de trois enfants.

N° d'impression : 205105